世间再无张居正③

党争之乱

清秋子 著

河南文艺出版社
·郑州·

目 录

第一章

内忧与外患是孪生兄弟

明朝“第一相”张居正去世的时候，给万历留下的，是一个殷实的家底。由于“一条鞭法”利国便民，到万历十年（1582），太仓（国家仓库）粮食可支用十年，国库存银近八百万两。在政治、军事等方面，也是一派大国气象。官吏勤于政事，“四夷”无不宾服。从那时候起，万历帝要是稍有一点儿明君的样子，就算他说出“真想再活五百年”的狂言，也不是太离谱。

但是，大国运祚，也如逆水行舟，只要有二三十年国主不谋正事，国势眨眼间就会稀里哗啦地垮下去，任你使了吃奶的劲儿，也是回天乏术。

万历后期的大明，君臣干的都是不太正经的事，国家也就渐渐生出了三大毒瘤。

哪三个呢？一是“党争”，二是“矿税”，三是“辽事大坏”。

这三大毒瘤，由内到外，由上至下，把如日中天的大国搞得千疮百孔、不堪一击。

国运走下坡路的时候，往往就是党争起、赋税重、民怨兴、外患至。内忧外患，就像两个持刀的孪生兄弟，至于谁砍下了最后那要命的一刀，其实都不重要了。重要的是，大明这个烂透了的庞然大物，已经到了一刀就足以毙命的程度了。

在这里，我们稍微先费一点儿笔墨，把这三大毒瘤分别说一说。

明末的党争，主要指东林党与浙党、阉党之间的斗争。万历十年（1582）以前，控制朝政的，或是强势皇帝如嘉靖，或是强势首辅如高拱和张居正，哪会有人敢闹小派别？

万历十三年（1585）后，皇帝不大管事了，朝政日益败坏，廷臣也就有了门户之别，这就是所谓党争。这里所说的“党”，与现代社会的政党含义不一样，指的是官僚的派别。

明末党争里，最重要的一方是东林党，之所以名为“东林”，得名原因很有些风雅。万历三十三年（1605），吏部郎中顾宪成被革职，随后与志同道合的高攀龙、钱一本、薛敷教、史孟麟等人，在他家乡无锡东门外的东林书院讲学。

他们这种讲学，不是为了普及《论语》，也不空谈心性，而是重在“经世”，也就是想着怎么样能够治国。他们讽议朝政，品评人物，抨击当道，以天下清流自居。这个姿态，在当时很得人心。《明史·顾宪成传》里说，不得志的知识分子和下野官员，都纷纷跑来投靠——可算找到“精神家园”了。据说，当时把东林书院的客舍都给住满了。

顾宪成这一批精英，号称“东林八君子”。在他们的带领下，江浙一带的文士，集会立约，互称“同志”。东林同志们的活动，得到了淮阳巡抚李三才的支持。朝中有些官员，如赵南星等人，也愿意与之结纳。

与他们相对立的官员们看不惯，指其为朋党，诋毁他们是“东林党”。

所以东林党这个称呼，一开始是个恶名，后来叫开了，才慢慢变香了。

东林一派的官员，一开始听着也嫌刺耳，于是反唇相讥，按地域给人家取诨名，斥对方为齐党、浙党、楚党。

由此，东林党与三党相互倾轧，争斗不止。而那一边的齐、浙、楚三党之间，也有矛盾，但都以攻击东林、排斥异己为能事，结成了联合战线。

三党中浙党势力最大，内阁首辅沈一贯、方从哲，都是浙党的首领。到了万历末年，三党的人相继执政，将东林党人从朝中一扫而光。

东林党一时受挫，似难以翻身。但事有偶然，后来东林一派里有个监生汪文言，设计离间齐、浙两党官员，造成他们内讧，使东林党官员在天启初年又逐渐得势。东林党人叶向高、邹元标、杨涟、赵南星等人，一手把持朝政，三党一度受到排斥。

遗憾的是，这一段风光并不长久。很快，以魏忠贤为首的阉宦与部分官员勾结，形成了所谓“阉党”。这个阉党，名字不好听，但能量极大，致使东林党遭受重挫，上演了明末的一场大悲剧。

明末党争，最初是从万历二十一年（1593）的“京察”开始的，一直到明亡后的南明弘光小朝廷，就没有停过。无论政治、军事、钱粮，什么事都要争论不休。前面已经讲到的国本之争、三王并封之争、福王就国之争，还有那个惊心动魄的梃击案，都是明末朋党之间长期争论不休的话题。

说到东林党人，大多为正人君子，其目的，无非想重建道德权威，挽救颓局。由于他们富于人格魅力，才学与道德均属上佳，故而无论是言还是行，都颇能激励人心。

这个党争，看起来好像很能激活政治，防止僵化。可是，在皇权制度下，党争不可能形成现代民主政治，即便东林官员们唱的是道德高调，到最后，也大多变成党同伐异的借口。高调之下，有不少行为太过偏狭，以现代的眼光来看，好像仅仅就是为了与人争斗以图痛快一样。

东林一派的成见太深，排斥异己太甚，把不少可争取的人，都推到阉党一边去了，这也是东林党最终败给了阉党的原因之一。

此外，东林党人受出身局限，建言多为书生议政。在台下时，批评人家头头是道，上台之后，却无张居正的施政本领，在晚明，一再错失扭转大局的良机。

绵延几十年的党争，使大明的行政机器其实已处在半瘫痪状态。梁启超先生有个好比喻，说是明末党争，好比两群冬烘先生打架，到明朝亡了，便一起拉倒。

这话是有道理的。一般的言官，只要陷入党争，就不惜夸大其词，混淆是非。最叫人痛心的一个例子，是在边帅的任用上，由于党争掩盖了对贤愚的判断，以致辽东军事屡次出现用人不当。你犯错，人家可不犯错，建州女真就这样趁势而起，给大明套上了一道致命绞索。

近世更有人认为，党争纷乱如麻，肯定是要有人出来收拾局面的，后来魏忠贤的专权，起的就是统一政治的作用。这个说法，也是一种看问题的角度。

明末的党争，实际是政治精英的内耗，即使在“三党”中，也有政绩与才干原本很不错的官员，但是一旦卷入党争，力量就都用到如何整人上面去了。

就这样，皇帝怠政，官僚纷争，一个庞大的国家失去了权力重心。张居正时代那种政令统一、上下齐心的局面，已恍如隔世。

国家中枢的控制力弱了，下面又是民变四起，强邻也悄然坐大，国家安得不亡？故此，说党争是明亡的重要原因之一，也不为过。

再来看看明末的第二个毒瘤——矿税。

这是万历帝的发明。“矿”，指的是派太监到全国各地去开矿。“税”，指的是派太监到各地去额外征税。开矿和征税，其实都是为了敛钱。

万历这个皇帝，不仅以懒闻名，且以贪财闻名。正如明清史研究名家孟森先生所言：帝王之奇贪，从古无若帝（万历）者。万历帝之所以派太监去搞矿税，就因为太监不是士大夫，没有法制观念，可以极尽搜刮之能事。

诸位可能会奇怪：贵为皇帝，为什么还要贪财？因为他日常花得太多了！

万历年间，曾有三次大的军事行动，叫作“三大征”，即：对内平定宁夏、播州叛乱，对外援朝抗倭。这一动兵，就把张居正攒的家底全花光了。可是万历帝并未收手，他还要建自己的陵墓，册封太子与诸王，举行太子冠婚仪式，重修几个大殿，哪一项都需要大把的银子。

国家没钱，万历不在乎，他没有这个概念，出手还是大方得很。光是太子册封与冠婚大典，就花去白银九百多万两，抵得上整个大明政府三年的花费。

万历总觉得，天下还有数不清的银子没搜刮上来。他派太监去敛钱，就是为了绕开行政系统，拿到的钱直接入内廷，不与中央财政分享。

用这个开矿的办法弄钱，其实有点儿猴急，万历却说得很堂皇，说是他不忍加派给小民。

话说得好，但实际执行起来，却不是那么一回事。因为派去的太监，自幼生长在深宫，对经济、民生一窍不通，哪里会懂开矿？不过是贪赃枉法，横行霸道，一味扰民而已。

天下之土，丰瘠不均。有的地方开不出矿来，矿税太监就责令富户或者地方官府承包，不足之数，则要赔偿或以财政抵顶。结果，开矿成了变相的摊派。

那些征税太监，也是百姓的一害。他们与地方关税不相协调，对行商们重复征税。当时在长江上往来的商船，一日之内，就要过五六道税卡，雁过拔毛，毫不客气。

矿监在各地闹得鸡飞狗跳，但征上来的矿税银，却不是很多。从万历二十五年（1597）到万历三十四年（1606），交上来的才有五百六十九万两。原因就在于，各地矿税太监几乎没有不贪污的。所得银两给皇帝的十之一二，暗入私囊的十之八九。若按上交百分之二十算，落进太监腰包的银子，就有三千多万两，皇帝只不过拿了个小头儿。

这是典型的聪明奴才坑了傻主子的案例。

矿监的这种贪污，等于有个“第二政府”在搜刮和花钱。那么，钱从何出？百姓又怎生承受得了？

最要命的是，这些矿税太监出了皇城之后，口含天宪，胡作非为，没人能管得了。史书说他们掘人冢，坏人庐，淫人室，荡人产，劫人财，简直就是一群穿黄袍的土匪！

《明神宗实录》里，详细讲了他们勒索富户的办法：矿税太监下到地方，今日枷一人，说你如此之富是因为违法；明日关一人，说你家里肯定藏有珍宝。凡是殷实的人家，马上就给你罗织罪名。逮住之后，先不审讯，用铁索锁住脖子，手脚戴枷，让你游街。而后把你关到船上的水牢里泡着，不给饮食。太监则假装上岸离开，把你交给皂隶看管，一日打你十几遍，备极惨毒。打得你求死不得，无奈，只能倾家荡产，求得活一命。

据记载，在山东，矿税太监曾经在三天内抓了富户五百人，大肆勒索。这难道不是皇家派来的土匪吗？

矿税太监在地方凌驾于官府之上，驱使地方官吏有如使唤奴隶，稍不如意，则辱骂、鞭笞、用刑，无所不用其极。太监的爪牙，甚至有白昼持刀闯入县衙大堂殴打官吏的。

这些恶行，引起了官僚集团的反感与抵制。无论在朝中还是地方，官员们纷纷上疏，指斥矿税的弊端。万历三十六年（1608），有吏部左侍郎杨时乔，反映辽东的情况时说：民之幸免荼毒者百无一二，而轻生思乱者已有八九！

时任凤阳巡抚的李三才上疏说：自兴矿税以来，万民失业。征税之使，急于星火；搜刮之令，密如牛毛；上下相争，唯利是闻。然而，皇上爱珠宝，民亦要温饱；皇上爱万世，民亦恋妻儿。为何皇上欲黄金高于北斗，而不使百姓有糠秕升斗之储？皇上欲为子孙万年，而不使百姓有一朝一夕。试看典籍，朝廷有如此政令、天下有如此景象而不乱者，可有吗？

据《明史》记载，自阁臣赵志皋、沈一贯以下，反对矿税的奏疏不下数百道，万历一概留中不发。凡地方官与矿税太监起冲突的，万历总是听信太监的诬陷，把大批敢为民请命的官员投入诏狱。

矿监和税监不仅敲诈勒索，还肆意杀人，辱人妻女。他们以百姓为草木、为瓦砾，似乎人可以不吃不喝，而且还不知痛苦。但是，草民虽然微贱，总还要活一口气，在没有活路的日子里，人们就要想办法来活了！

无休止的敲诈与搜刮，终于激成了明末势如燎原的“民变”。

百姓在忍无可忍之下，聚众鼓噪，包围和烧毁矿监的中使衙门，驱逐、殴打太监及其帮凶。

万历二十七年（1599）四月，有临清民变。小贩王朝佐，不堪忍受欺凌，前往税监马堂的衙门砸门，欲与之交涉。四千余名小民呼啸追随，包围了衙门，最后一把火烧掉了衙署。

同一年的十二月，有湖广民变。武昌、汉阳数万受害市民，会聚在抚按衙署门前，击鼓控诉。后又游行至太监陈奉的税监府，一拥而入，扔砖放火。

万历二十九年（1601）六月，有苏州民变。作坊织工数千人聚集，推出昆山人葛成，为众人首领，包围了税监孙隆的衙署，殴毙其爪牙多人。

万历三十四年（1606）正月，有云南民变。地方卫所指挥（低阶武官）贺世勋、韩光大等直接参与，率万名冤民冲入税厂，处死了税监杨荣及其党羽二百多人，投尸于烈焰之中。万历帝闻讯后惶恐不安，为之不食多日。

这仅仅是比较典型的几例。

明末的矿税暴政，不仅激化了政权与民众的矛盾，还导致了皇权与官僚集团的冲突。代表皇帝的太监如此疯狂地残民、刮民，使皇权的神圣性与合法性荡然无存，百姓视皇家为阎罗，视生存为炼狱。大量下层官员也开始与皇权离心离德，整个国家的统治，已开始分崩离析。

各地频繁出现的民变，由于法不责众，最终只能处置一两个为首的闹事者了事。这恰又暴露了皇权的虚弱，给后来大规模的农民造反埋下了伏笔。

最让人诧异的是，这个搞得天下沸腾的恶政，其搜刮来的银钱，绝大部分是供万历赏赐儿子福王用的。钱是弄到了一点儿，但国家也眼看就要完了。后来，那位体重三百斤的福王，就是丧命于李自成的农民军之手，其肉被农民军和鹿肉一起煮吃了。

万历如地下有知，该作何想？银钱滚滚，可保得了子孙吗？

所以，清人赵翼说："论者谓明之亡，不亡于崇祯，而亡于万历云。"这是说到了矿税乱政的要害上。

最后，我们再来说说明末的第三大毒瘤——辽事大坏。

明代把东北方面的防务和经略，叫作"辽事"，在万历朝的后期，这个词，指的是对建州女真的攻防事务。

女真的崛起，是万历年间新出现的一大忧患。

在万历朝以前，大明的百年边患，一直是蒙古部落（鞑靼）的袭扰，女真部落还成不了什么气候。

对女真各部落的控制，在明朝可谓源远流长。早在永乐年间，大明就在黑龙江西来支流亨滚河（在今俄罗斯境内）的河口对面，建立过奴尔干都司。这是个军政合一的基层政权，专为镇抚女真所建。虽然到宣德年间衰落了，但明朝对女真的羁縻，始终没有放松。

总的政策就是：以军威震慑为主，辅以授衔、互市等恩惠手段。这一政策，实践证明相当管用。特别是自隆庆四年（1570）起，辽东总兵李成梁镇守辽东二十二年，对女真各部又拉又打，分而治之，女真一度崛起的势头被彻底打垮。

当代有史家在分析万历末年的辽事时，说辽东的平安，一是取决于边帅对女真的驾驭手法是否得当，二是女真方面必须是安于现状，不能出野心家。

在万历的后期，这两方面恰恰都出了问题。一是李成梁在第二度出任辽东总兵时，对女真处置失当；二是女真恰恰出了一个有雄才的部落首领努尔哈赤。

李成梁的祖上是朝鲜人，在高祖一辈就归顺了大明，世代为将。李成梁镇辽，前期是立有大功的，先后奏大捷十次，打得辽东的鞑靼狼狈不堪，那时的女真根本不足为患。

可是李成梁的名望渐高之后，也有一些臭毛病，最主要的就是骄奢无度，贪污腐败。他长期垄断辽东的军用物资、马政、盐课和市赏。史称，全辽商民之利，尽入其囊中。为巩固自己在辽东的地位，他又把贪污来的钱遍贿权门，结纳朝臣。朝中的关键人物，没有不沾他好处的，连宦官都乐于为他通风报信。

到后来，发展到敌骑入境后，他拥兵观望，掩败为胜，滥杀边民冒功。终于在万历十九年（1591）被参倒。在他离职的十年间，辽东八易其帅，没有一个能胜任的。建州女真出现的豪杰人物努尔哈赤，就是在这一期间，趁势统一了女真各部，成了一股不可小瞧的势力。

努尔哈赤，姓爱新觉罗，家族属于建州女真的宁古塔部，就住在今辽宁省新宾县永陵镇费阿拉一带。他的祖父和父亲，都不是什么显赫人物，可能是指挥使一类的头目。他本人的身世也很平常，十岁不幸丧母，老爹娶了后娘，这位后娘又虐待他。

从十五岁起，努尔哈赤寄居在其外祖父、建州首领王杲家。后常到抚顺、清河（今辽宁省本溪市北清河城）等地经商，广交朋友，学会了蒙古语、汉语，爱看《三国演义》及《水浒传》，从中学习韬略兵法，渐渐熟悉了辽东的山川形势。十八岁时，隶属于李成梁部，屡立战功，很受李的器重。

万历十一年（1583）二月，其祖父觉昌安、其父塔克世，随李成梁进攻古勒城，打击建州女真部落首领阿台。两人为明军的向导，不料在战乱中，被明兵误杀。也就在这一年，努尔哈赤脱离了李成梁独立，以“遗甲十三副”起兵，开始了统一建州女真的过程。

到万历十五年（1587），努尔哈赤在老家费阿拉“定国政”。万历二十一年（1593），击败九部联军，统一了建州女真。到万历四十四年（1616），终于干出大名堂来了——努尔哈赤以新宾的赫图阿拉为都城，建立“大金”，自称汗王，建年号“天命”，开始与大明分庭抗礼。

随着大明帝国病入膏肓，自万历四十六年（1618）夏天起，万历帝也一病不起。到万历四十八年（1620）七月二十一日，终于驾崩，扔下一个千疮百孔的烂摊子，走了。

这位体态肥硕的皇帝，在位共四十八年，享年五十八岁。一生最后的三十多年里，一步也没离开过紫禁城。

在驾崩的当天，万历发了一份遗诏，对自己四十八年的秉政做了深刻反省，尤其是对奏章滞留、矿税繁剧、民生日蹙、边衅渐开等弊端，表示了“不胜追悔”，并提出了若干条补救措施。

这道遗诏，究竟是万历在最后时刻的良心发现，还是中枢大臣按自己的意图为皇帝代拟的，不大好分辨。其中比较令人惊异的，是遗诏居然同意“宜多发内帑以助军需”。从来是一毛不拔的万历帝，竟愿意动用自己的私房钱支援前线，这在过去是不可想象的。就在前一年进剿辽东时，军饷不足，兵部请求发内帑接济，万历还曾坚决拒绝过。

这个弯子，怎么会转得这么急？

在万历死后的三天内，大臣根据遗诏，就两次发内帑二百万两银以充军需。要是他还活着，这是根本不可能的。

过去打仗，钱不够怎么办？让老百姓出。别的时候想不起老百姓，到征税的时候绝对漏不掉。在万历四十六年（1618）、万历四十七年（1619）这两年中，为筹集辽饷，朝廷就曾三次加征天下田赋。

因此，后世有史家断定，万历临死时的这个忏悔书，必是大臣们的杰作。

万历走了。他充满矛盾的一生，留下了无数的功过毁誉，供后人们去争论。在他执政的初期，也就是所谓“万历新政”的十年，曾是大明帝国行政最有效、经济最富庶的时期。可是他非要在张居正死后，清算这位千载不遇的英明首辅，开启了门户之争。他在前期，尚能励精图治，很像个有为明君的样子；后期却不理朝政，宠信郑贵妃，致使政府机构长期半瘫痪。

老子《道德经》说：“治大国，若烹小鲜。”说的是，大国虽大，却像小鱼一样不经折腾。古代圣人说话，逻辑性虽不强，但经验老到。一个政策之误，百姓就不知要受多少年的苦，何况三十多年瞎胡闹。

一个世界头号帝国，就在万历的手中，从蒸蒸日上到日暮途穷。他的儿孙们，就是再禀赋异常，也救不了大明了！

第二章 “红丸案”要了新皇帝的命

万历帝驾崩时，皇太子朱常洛三十八岁，在古代，这已算是半老之人了，到这时才熬出了头，当了皇帝。这个新皇帝，是东林一派官员前赴后继保了几十年才保下来的，廷臣对他寄的希望当然很大。那么他即位之后，实际作为怎么样呢？

提不得，太让人啼笑皆非！

万历帝于七月二十一日死，常洛于八月初一即位，改明年为泰昌元年。然而这位泰昌皇帝却没能活到“明年”，只活了二十九天就死了！成了明朝在位时间最短的一个皇帝，差点儿连年号都捞不着。

怎么死的呢？病死的。因为什么致病的呢？太好女色！

朱家老皇帝的遗传，恐怕真是有点儿问题，走了一个贪财的，又来了一个好色的。

因为他死得太窝囊，所以后世对他评价不高。其实事情也有两面，他要是不那么好色，很可能将来就会有一番作为，弄得好，倒可能会保住大明的一条命。

可惜，天不佑大明。说起来还是因为——万历虽死，阴魂不散。泰昌皇帝即位之初，哪怕有个像叶向高那样稍稍果断一点儿的首辅，也能制止一些事情，躲过这一劫。但是没有，上上下下，就这么眼睁睁地看着新皇帝被“谋害”死了。

从父皇驾崩，到泰昌皇帝即位的这几天，以新帝颁布的诏令来看，他还是试图振作颓局的——

发内帑犒劳边防将士，两次共拨付二百万两，可见他是不吝惜银子的。

罢撤矿税，将矿税太监全部召回，看得出他是不想扰民的。

补上各地巡按等缺额五百多位，还是想让国家管理正常起来的。

将过去因建言罢矿税而被斥逐的诸臣尽行起用，还是想恢复监督体制常态的。

他还下诏诚恳求贤，要求一旦发现卓异人才，要立即破格使用。看来，是想尽快提振官员队伍士气的。

而且一反乃父的懒惰，刚一当了皇帝，就开始视朝！

万历帝，那可是近三十年不视朝了。岁月漫长，近三十年不上朝是个什么概念，恐怕绝大多数官员都不知道该怎么上朝了。所以开头几天，朝堂上一片乱哄哄。泰昌帝很有看法，要求百官务要十分“敬慎”。他吩咐纠仪官，要是再抓住乱来的，一定要重重惩办。

看起来，朝政就要有个新气象了。百官们心中欢喜：万恶的旧时代总算过去了，棘手的事情，就一件一件来解决吧。

但他们没料到，新皇帝即位才五天，最大、最棘手的问题就来了——泰昌帝的“龙体”出了大问题!

事情是从那位影响了朝政几十年的郑贵妃引起的。万历在世时，郑贵妃是压在太子常洛头上的一座山，现在万历不在了，当了皇帝的常洛，一时还改不了敬畏郑贵妃的心理。

万历死前的遗嘱，有一条，是要常洛晋封郑贵妃为皇后。常洛呢，也太不争气，一个大活人，居然有点儿怕死人，不得不传谕内阁，表示要执行这一遗嘱。

目前万历后宫的形势是：正宫王皇后，在万历驾崩之前的几个月，已经去世了。常洛的生母王贵妃，也早在九年前就郁郁而终了。这两位在名分上高于郑贵妃的女人不在了，那么郑贵妃一旦晋升为大行皇帝（刚死的皇帝）的皇后，就意味着她将成为泰昌帝的皇太后，在名分上仍然压着泰昌帝。

而且最要命的是，这个女人一旦成为皇太后，就有可能垂帘听政，主持废立!

这是万历为他心爱的女人所布下的最后一个局。

这当然于礼不合，礼部右侍郎孙如游立即上疏反对。泰昌帝觉得问题不好处理，就留中不发，把执行遗嘱的事搁置了下来。

郑贵妃却不能停止活动。她目前的身份，不过就是先帝的妃子，以往皇权对她的保护屏障，实际上已经消失。如果泰昌帝要报复前嫌的话，那她的前景就非常不妙。

郑贵妃不想坐以待毙，于是盯住了一个人——李选侍。这是常洛当太子的时候就宠幸的一个姬妾。

这个“选侍”，是个什么名堂呢?原来，太子的大老婆叫太子妃，小老婆依次为才人、选侍、淑女等。

常洛一向所宠爱的有两个选侍，无独有偶，都姓李。为了区别，时人称她俩为“东李”和“西李”。常洛最爱的，也就是郑贵妃现在想打主意的“西李”。

这个“西李”李选侍，大约也是个素质不高的女人。郑贵妃和她臭味相投，很快达成了交易——由郑贵妃推动请封李选侍为皇后；而李选侍则投桃报李，提议封郑贵妃为皇太后。

小人物登上高位的为祸之一，就是把国家大事当成商铺交易，他们是不管江山牢固不牢固的。

两人以此结好，互相引重，给泰昌帝施加了很大的压力。最后是内阁首辅方从哲主张：干脆把此事压下，不说不办，也不说办，让它不了了之。

郑贵妃接连碰壁，觉得情况不是很好，与现任皇帝的关系必须解决好，于是改变了一下思路。小人物出身的政治人物，往往适应力都极强，她这一次，要打的是泰昌帝的软肋。

据《明史》记载，泰昌帝即位后，郑贵妃因为福王常洵的缘故，怕泰昌帝衔恨，便向泰昌帝进珠宝，又送了八名侍妾投其所好。

这八个人，是郑贵妃从自己的宫女中选出的八个大美女。这批礼物，显然有神奇功效，泰昌帝欣然接纳。

泰昌帝的为人，郑贵妃早就看透了。这一枪，果然就打中了要害。

常洛贵为龙子，但命却出奇地不好。

在做皇长子和太子的时候，备受万历与郑贵妃的压抑，战战兢兢不敢有所闪失，心情自然苦闷。为纾解压力，渐渐地就转向了声色之癖。久而久之，身体被掏空，在即位之前就很虚了。

万历死后，多年的压迫与约束消失，否极泰来的泰昌帝，有如穷儿乍富，渴牛暴饮，于女色方面就益发放纵。现在，又有郑贵妃送上的八名美女日夜“围剿”，那就更不堪重负了。

另一方面，他即位之后，每天都要处理大量朝政，力图清理父皇留下来的积弊。以他的年龄，处理常规的政务应该不算难事，但他的体质，已弱不禁风，这点儿事务简直要了他的命。

八月初一，他勉强支撑病体，完成了即位大典。接下来的几天里，由于骤然“日理万机”，精神立刻感到萎靡不振。

在政务和美女的两面夹击之下，弦儿一下就绷断了！

这一天，泰昌帝摆酒设宴，宴会上群姬载歌载舞，泰昌帝心旌摇荡，把持不住。饭局散后，把“女乐”留下来。据《三朝野纪》上说：“是夜，连幸数人，圣容顿减。”而《先拨志始》上则说：“是夜，一生二旦，俱御幸焉。病体由是大剧。”总之是应付得太多了，导致体力崩溃。

八月十日，泰昌帝病倒，召医官来进行了诊治。十二日还强挺着视朝，群臣见皇帝病容加剧，都大为吃惊。第二天，就完全没法儿坐朝了，又召医官陈玺等人前来诊治。十四日，郑贵妃见机插手，她让太监崔文升为泰昌帝开了一个药方。

这个崔文升，原是郑贵妃宫中的亲信太监，泰昌帝即位后，被提升为司礼监秉笔兼御药房太监。把这样一个来历的太监，提为内廷的二把手是何用意？不可考。反正泰昌帝的警惕性，实在是太差了。

崔文升诊过脉后，说是邪热内蕴，应该清火去热。于是把大黄、石膏等通便的泻药，都列入方中。

此时，泰昌帝的身子，虚得遇风就倒，哪里禁得起这番猛泻？不服药还好，一服下去，立即腹痛难忍，接着一夜连泻三四十次，眼见得小命就要完！

十五日，首辅方从哲听说皇上起不来了，大惊，连忙带领诸臣赶到宫门问安。皇帝传出话来，只说是：“数夜不得睡，日食粥不满碗。头晕目眩，身体疲软，不能走动。”吃药的事，他没有告诉大臣。

但宫中的太监与宫女们早已传开：崔文升给皇上服泻药，出了大事！外廷也很快知道了内情，一时人情汹汹，都说崔文升是受了郑贵妃指使，这里面，肯定有异谋。

由于郑贵妃在万历临终前的一段时间里，已意识到后万历时代马上就要开始，遂开展了对常洛全方位的笼络。常洛的性格又过于软弱，在金钱美女的攻势下，完全捐弃了前嫌，与郑贵妃相处甚融洽。他对郑贵妃未加任何戒备，即位后，也没对宫内和外廷的人事进行果断的清理。

内阁的首辅方从哲，由于政治渊源上的关系，也没有提出建议切断郑贵妃与当前皇权的所有联系，以保障新皇帝的人身安全。甚至连他本人是否与郑氏暗中合流，也是一大疑问。

看来，在人身依附色彩非常强烈的皇权制度下，新皇帝上台，不果断清理旧的人事关系，也是祸患多多。

阴谋就在皇帝稀里糊涂时，已悄悄展开。常洛的东郭先生心肠，使他自己陷入了十分险恶的境地。

此时郑贵妃已是大行皇帝的遗孀，按制应该马上搬离乾清宫，但她为了与新住进来的李选侍联络方便，尚未搬走。泰昌帝一病不起，引起了多方面的焦虑。其中外戚王、郭两家，发现郑贵妃与李选侍图谋不轨，便到处拜见朝中大臣，泣诉泰昌帝面临的险境。他们说："崔文升如此用药，绝非一时之误，而是故意。皇长子由校每每私下里哭泣，父皇体力尚健，何由转眼至此！郑、李谋求由她俩照管皇长子，是包藏祸心。"

这个情况，引起了廷臣的普遍不安。大好形势来之不易，这个郑贵妃还要继续为祸朝政，真是岂有此理。给事中杨涟、御史左光斗在朝中首先倡议："郑贵妃当移宫（搬家）。"

十六日，吏部尚书周嘉谟召集勋戚、文武大臣，会商此事。此时郑国泰已死，大臣们把郑贵妃的内侄郑养性叫来，责问他："先朝数十年不定国本，你的姑姑罪过大焉！先帝遗嘱要封你姑姑为皇太后，你应出面坚辞才对。为何郑贵妃还住在乾清宫不走？又向皇上进献珠玉、美女，不是有非分之念吗？这样贪得无厌，一旦事发，你们郑氏一门将后患无穷，还是小心一点儿为好！"

这番话虽是威胁，但说的也是实情。郑养性听了，不由得心虚，失魂落魄而退。诸大臣的意思，是让他将此话传给郑贵妃。果然没有几天，他就上疏，请皇上收回封郑贵妃为皇太后的成命。

崔文升用药之事，也有人开始追究。杨涟于二十日上疏，论崔文升胡乱用药之罪。他说："医家看病，有余者泄之，不足者补之。皇上哀伤之余，一日万机，正宜清补，文升反投下相伐之剂，遂令圣上病情加重。而且还煽动党羽，胡说皇上是为女艺人所蛊惑，不加检点。他就是想以此掩盖自己的阴谋，既加重了皇上的病，又污损了皇上的名，罪过大了。请将此人收监，以平息舆论!”

在这道奏疏里，他还非常有眼光地提出，郑贵妃的名分和对她的安排，是事关治乱的大事，一定要果断处置。他说，封郑贵妃一事，尤为违反典章制度。她算什么？既非皇上的嫡母，又非皇上的生母。请皇上还是将秩序整顿一新，严格名分，以杜绝某些人的僭越窥伺之心，不负天下之望。

舆论压力非常强大，时势毕竟已与往日不同，郑贵妃就是再恋恋不舍，也不敢将事情激化，经过考虑，便乖乖移往慈宁宫去了，这才是她该去的地方。

这一番风波，在泰昌帝那里也有了回应。八月二十二日，他召见方从哲和新任内阁大学士刘一璟、韩爌（kuàng），还有其他一批大臣。其中，给事中杨涟也在列。叫一个小小的言官到他的病床前，显然是因为几天前上疏的事。诸臣见皇帝同时还召来了锦衣卫的校尉，都以为是杨涟的上疏太不留情面，触怒了皇上，今日只怕是要有打屁股的事发生。

惶恐之下，大家急忙嘱咐方从哲快跟皇上求情。方从哲没有应承，反而劝杨涟自己去跟皇上认个错。杨涟不干，说：“死即死耳，涟有何罪？就是今天穿胸烂骨，也还是那些话!”

这个硬骨头的言官，无怪乎后来能青史留名，他是大明官员中能把孔孟之道坚持到底的极端典型。从道理上来说，臣僚人人都该把孔孟之道坚持到底，但那只是纸上文章，实际上这样的人不仅少到万里挑一，而且几十年才能出一个半个。

这次召见，与众大臣想象的正好相反，不仅没见到什么廷杖的迹象，反而充满了平和之气。

皇上见了众人，心平气和，只是说：“朕自去年七月起，身体不适，到今年五月才好。即位后，政务不敢闲暇，以至病发，久久不好。”

他好像并不觉得宫内的事情，有外界猜测的那样险恶。孙如游说起李选侍封皇后的事，泰昌帝评价说：“她伺候朕有好几年了，甚为小心。”并不认为李选侍参与了什么阴谋。

方从哲提起，皇长子由校应该搬到慈庆宫去住。

泰昌帝说：“朕不忍离。”

刘一璟建议皇上以医药为辅，以保养为主。泰昌帝这才点头称是：“药没什么功效，已停了十多天不吃了。”

周嘉谟赶紧附和道：“药还是第二义的，唯有清心寡欲，则不用药也能好。”他委婉地劝谏泰昌帝不要那么好色了。

皇上对此也不恼，见该说的都说了，就叫侍立在身边的皇长子由校也说一说。

由校会意，便说：“宫中没有什么事，先生们请跟外边说，不要听信流言。”

这句话，才是皇上此次召见要表达的中心意思。诸臣当然有些疑惑，不过，倒也没有争执，宫中没事就好。

泰昌帝最后发了话，将崔文升斥逐出宫，郑贵妃封皇太后的事，也收回成命，算是对群臣的意见做了部分采纳。

他的态度，之所以没有跟着群臣的思路走，原因就在于，他自己知道自己的身体是怎么回事，不愿诿过于别人，因此也就拒不接受郑贵妃有异谋的说法。

事情如果到此为止，真的也就没事了。泰昌帝就算是身体从此垮了下去，那也是自然规律，不关乎政治阴谋。

大臣们心里松了一松。

哪知道，几天后就有大事爆发，而且在朝中掀起了极大的风波！

这件事，就是对晚明政治发生了重要影响的“红丸案”，三大案中的第二个。

本来，众大臣已经将郑贵妃逼出乾清宫，将她与皇上隔离了开来，使她不至于在治病问题上动手脚，这可以说是万全之策。

大臣们潜在的想法虽没明说，但内心对郑贵妃的“异谋”，是看得清清楚楚的。郑贵妃虽已失去了实质性的权力资源，仅有一个不太过硬的名分，但她手里还有两张牌：一是，如果泰昌帝死了，那么福王也有被拥立为皇帝的可能性，虽然机会很微小。二是，郑贵妃已经笼络住了李选侍，如果泰昌帝一死，起码她不用惧怕有朝一日泰昌帝再记起前仇来。且李选侍在郑贵妃的唆使下，已牢牢抓住了皇长子朱由校。泰昌帝一死，小皇帝即位，这两个女人就可以实行某种程度的垂帘听政了。

如果这样，那就是大明的不幸，更是大多数“反郑派”官员的不幸。

可是泰昌帝常洛的命运确实不好，他当皇帝，没搞死过一个人，却总有人前仆后继地要来搞死他。

祸端起自完全意想不到的方向。一个六品官员——鸿胪寺丞李可灼，便是这个事件的肇事者。

八月二十三日，这个李可灼跑到内阁，说是要向皇上进呈仙丹。这一天，刚好是新任阁臣刘一璟、韩爌第一天上班的日子。

几位阁臣听了李可灼的要求，都沉吟不语。最后方从哲表了态，他考虑到崔文升胡乱用药，曾引起了一场大风波，费了好大力气才平息，这种事，还是不做为宜。

首辅的这种考虑，无疑是正确的，于是两位新阁臣就叫李可灼走了。

但李可灼不死心，不知他是想立大功呢，还是别有什么企图，偏要百折不挠地把这药呈送上去。过了六天，他干脆跑进宫里，找到太监，想通过太监这个门路，把药送给皇上。

鸿胪寺是负责朝会、仪礼和接待外宾的衙门，皇上有病，本不关这个衙署官员的事，可是李可灼却热心得令人起疑。

太监们这时候也很小心，不敢擅自做主，先行通报了内阁："皇上已病危，现有鸿胪寺丞李可灼到思善门来，说要进药。"

又是这个家伙！方从哲等阁臣这次更警觉了，坚决制止，告诉太监说："他说是仙丹，所以我们不能信。"

就在这一天，泰昌帝预感自己来日无多，强撑着召见了十三位大臣，皇长子朱由校也在场，这显然是有临终顾命的意思。

在乾清宫的病榻上，泰昌帝说："朕的病，好像不行了。"他看着三位阁臣说，"国家事，请三位爱卿尽心。"

然后，又对部院大臣们说："卿等要为朕分忧，好好辅佐皇长子，务必让他成为尧舜之君。"

他又让朱由校说几句，皇长子说得很得体："先生们劳苦了，请记住父皇的话。"

接下来，泰昌帝谈到了棺椁和陵地的事。方从哲还以为说的是万历帝安葬的事，就说："皇考的陵墓匠作，正在次第进行。"

泰昌帝摇摇头，指着自己说："朕寿宫也。"

方从哲等人大惊，连忙劝慰道："圣寿无疆，哪里就到这个地步！"

泰昌帝神色黯然，说了几遍此事重大，便闭目伤神。

众臣都不由哽咽起来，伏地不忍仰视。

大事交代完毕后，泰昌帝忽然问起："鸿胪寺有个官来进药，他人在哪里？"

皇帝是如何知道这个消息的？显然是近侍太监传的话。

这也是易于被人忽视的一个细节：内阁已经否决了的意见，怎么又告诉了病中的皇帝？是无心为之，还是李可灼走了门路？此案从这一刻开始，谜团重重！

方从哲连忙照实禀报："鸿胪寺丞李可灼，说过他有仙丹，但臣等未敢轻信。"

这个话，等于把大臣们的态度说得很明白了，但泰昌帝还是命人宣李可灼进宫，让他来诊视一下自己的病情。

李可灼很快赶到，给皇上号了脉，望了气色，然后谈了他的判断和疗法。泰昌帝听了，很信服，命他马上把药调制好呈上来。

方从哲立刻委婉地表示异议，提出是否与御医们商量一下再说。刘一璟则对众人说，在他的家乡，有两人服过此药，效果是一好一坏，可见不是万全良药。

众人疑虑重重，但就是不敢把话挑明。皇帝的旨意，还是传下去执行了。

泰昌帝是否迷信或服过仙丹，史书上没有记载。包括万历帝，也没有这方面的记载。明朝十六帝（因英宗两次面南，也有说明朝十七帝）中，最迷信丹药的有两位，即宪宗皇帝和嘉靖皇帝。尤以嘉靖皇帝在这方面搞得空前绝后，到晚年迷信得近乎白痴。

这次泰昌帝执意要服仙丹，一是求生的本能，二是内心的绝望。“死马当作活马医”“病急乱投医”等，他也是知道的。

其实，在这桩离奇的案件中，要负最大责任的，恰恰是受害者泰昌帝本人。他此时的主要身份是患者，要用什么药，应该听内阁和御医的，但他偏要行使皇帝职权。诸大臣由于明哲保身，又不敢力阻，于是事情便向着不可控的方向，急剧地发展了下去。

到中午，李可灼调好了红色药丸一大粒，送到了御榻前。估计这东西，起码有一颗李子大小，主要成分究竟是些什么，到头来谁也没弄清楚——这药，就是所谓的“红丸”，此案便以此物而得名。

泰昌帝是一个很懂人情道理的君主，他怕大臣们不放心，特地把他们都叫进寝宫，让大家看着他服用红丸。把这东西吞下去之后，感觉很不错，连声夸赞李可灼道：“忠臣，忠臣！”

诸臣悬着的心，这才略略放下，都退至便殿守候。不大一会儿，太监出来传话说：“圣体用药后，暖润舒畅，想吃东西喝水了。”

众人一阵欢呼，终于彻底放下心来，便都从宫中退出了。

到了傍晚时分，李可灼匆匆从宫中出来，到内阁求见方从哲，说有情况要通报。

他说：“方才皇上怕药力减弱，想要再服一丸，然御医都说不宜再服。”

方从哲忙问服了没有。

李可灼表示，上意难违，且催促很急，只好遵命，已经服了第二丸。

聚集在这里尚未散去的众大臣，都围了上来，急切地询问皇上目前的状况如何。

李可灼很有信心地答道："圣躬安适如前，平善如初。"

可是第二天，也就是九月初一的凌晨五更天，情况突变。宫内太监慌慌忙忙跑来紧急宣召，说皇上不行了！

方从哲等一批大臣连忙赶到宫中，可是迟了，皇上已经升天了。

可怜的泰昌帝，登基时是八月初一，刚满一个月。

消息传开，举朝震惊。皇上昨天傍晚才服的药，怎么会天一亮就驾崩了？众臣心头立即疑云大起——那李可灼是何人？彼辈并非医官。那红丸又是何物？所呈并无药方。

此事太过于吊诡！

人们不能不将一连串的事情联系起来看：先有郑贵妃进美女，耗损皇上身体。又有崔文升用泻药，致使皇上病倒。现在又来了一个李可灼，进呈红丸。这不是合谋弑君又是什么？

"拥长"一派官员的心头，充满了悲愤：国本之争三十年，好不容易将常洛拥上了皇位，仅仅一个月，就一命归西，这不是太残酷了吗？而且，一系列的异常迹象，与郑贵妃的干系甚大。可怜的常洛，到死也没摆脱父皇的阴影！

于是，廷臣们开始追问两个问题：一是，红丸究竟是个什么东西？二是，这么做究竟由谁指使？

关于红丸的性质，后世的人有三种看法。

第一种观点认为，红丸就是道家服食的丹药，含有大量丹砂，所以呈红色。丹砂又叫作“朱砂”，是一种棕红色的彩石。新石器时代的先民，就曾应用丹砂做颜料，这是有文物可证的。丹砂的主要化学成分是硫化汞，在湖南、贵州、四川等地都有出产。古时以产在辰州（今湖南沅陵等地）的品质为最佳，叫作“辰砂”，中医拿它来做安神、镇定的药。

这一说法，根据比较充分。因为李可灼自称这是仙方，就是一个佐证。另外，泰昌帝服用以后的反应很安适，也是一个证明。在当时，一般持这种看法的人较多。

但这丹砂也有害，按中医的说法是性热，大概就像晋朝流行的“五石散”一样，吃了会产生内热，散发不出去，就要命。泰昌帝身体本来就虚，先是崔文升以性寒之药大黄，泻了一通，没过几天，又用性热的丹砂加了把火。一冷一热，把命给催没了，是完全可能的。

况且，这丹药里边，除了辰砂之外，还有其他乱七八糟的东西，细菌超标害死了人，也说不定。

第二种观点，说红丸是春药。明代诸帝大多好色，纵欲、服春药，是相沿的习惯，因此大多寿命不长。明中叶以后，社会上讲究奢靡，春药大肆流行，宫廷里就更甚。

第三种观点认为两种都不是，说红丸不过就是一般补药。丹药和春药都是伤身体的，李可灼不可能不知道，他怎么会有胆量进这两种东西？除非他疯了，要拿性命来赌。

关于药是什么性质，当时大致有了一个定论，就是丹药。接下来的问题是，指使李可灼这样干的幕后黑手是哪一个？

令首辅方从哲万万想不到的是，他本人竟然成了众人怀疑的对象。

大家怀疑方从哲，是有一定根据的。他于万历四十一年（1613）入阁，次年就接替叶向高任了首辅，到现在短短几年间，经历了三代皇帝。明末三案，也都发生在他任阁臣期间。就红丸案来说，公平地讲，他处置得不算太糊涂，但不够果断与聪明，结果惹祸上身。

他的从政与为人，后世认为是“性柔懦，不能任大事”。如果仅此而已，还不至于招骂。关键是无能之外，还兼贪婪。为了保住位置，这类人所用的办法，一般都是依附权势。所以，他不可避免地成了倒向郑系一派的人物。

李可灼进红丸惹了塌天大祸，舆论当然要怀疑，这多半又是郑贵妃搞的鬼！方从哲心里是向着郑贵妃的，为压制舆论，就借拟遗诏之便，以大行皇帝的口吻夸奖了李可灼，并赐银五十两。

他想得有点儿太简单了。他是想，既然泰昌帝信任李可灼，这是有目共睹的，那么以死皇帝之口，封住满朝活人的嘴也不难。可是，他想不到，再有威权的死人，又怎能压服得了长了脑子的活人？

大家都恨不得将李可灼千刀万剐，居然还有人要褒奖这个家伙！

怒火立刻就集中到了方从哲的身上，他自己却浑然不觉。先是御史王安舜上疏，论李可灼庸医杀人罪，其言汹汹。方从哲感觉到，舆论还是有些厉害的，便退了一步，票拟了对李可灼罚俸一年的处分，稍后又加重为回籍调理。

由红丸事件，自然要牵起崔文升滥用泻药的事，于是又有御史郑宗周，奏请“寸斩崔文升”！方从哲则票拟，交司礼监议处——让太监们自己去管这事吧。

他的意图，就是想把这件事，大事化小，小事化了。

可是，想借这件事说话的人，满朝都是，他怎么能压得住？这种拙劣的遮掩，立刻引起言路大哗。人们索性把他和崔文升、李可灼拴到了一起，都成了郑贵妃那根藤上的瓜。很快，给事中惠世扬上疏，指名道姓指责方从哲是徇私枉法，有违人臣之道。

方从哲没想到连自己也陷了进去，手忙脚乱之下，指使人出面为崔、李两人辩护，说他俩不过是用药有误，非要说成是谋害，岂不是将大行皇帝陷于“不得寿终”之列，凡属臣子，于心何忍？

这一步，又是臭棋！大伙彻底被激怒了，谋害就是谋害，还敢拿死人压活人？

新一轮发起攻击的人，不仅有权位更重的言官，连大臣们也纷纷加入。发难者中，有大名鼎鼎的左都御史邹元标、礼部尚书孙慎行等。先前的攻击，还仅仅是指桑骂槐，这次干脆撕开了脸皮，大家要明明白白论方从哲的罪，把他平日的那些恶德败行，也一并给揭露。

其中，尤以礼部尚书孙慎行的话说得最狠。他说：“臣以为，从哲纵无弑君之心，却有弑君之罪，推掉弑君之名，也难免弑君之实。”抡完了大棒之后，又戟指怒骂道，“其罪恶逆天，万无可生之路！”

邹元标也附和说：“元辅方从哲，不申讨贼之义，反行赏奸之典，即使自称是无心，又何以向天下交代？”

这两个人位高权重，素有威望，他们的奏疏，无疑是重锤落下，把方从哲打入“弑逆”一流，使其陷入了道义谴责的汪洋之中。

方从哲顿显狼狈不堪，真是没法向舆论交代了，只得上疏，自请削去官职，并表示愿意远流边方，以谢天下。

此时，虽有一些内侍为方从哲说好话，但形势已极为险恶。万一哪根弦绷断了，当了七年阁臣、六年首辅的他，就有可能步早年几位首辅的后尘，身败名裂。

就在这千钧一发之际，有人站出来说话了。内阁辅臣韩爌上疏，如实讲明了红丸事件的经过，认为与方从哲无关。他还建议，将崔文升、李可灼二人另行处治。

韩爌是在红丸案发生前几日新入阁的大臣，一向老成持重，并不是方从哲一伙。他的话，具有很高的可信度。此外，曾经对红丸事件很了解的张问达与汪应蛟，也证实了韩爌的说法。

方从哲固然道德有亏，但绝无弑君的胆量和动机。在激烈的争斗中，有人能持这种公论，实为不易。

三人的意见一出，方从哲总算解脱了出来。但泰昌帝之死，终究是他仕途上抹不掉的一个阴影。首辅这个位子，毕竟不那么好坐了。就在这一年的十二月，他经过六次请求，终于获准致仕，回老家去了。

方从哲从万历末年国势由盛而衰时起，曾长时期独秉国政，因此后来有人认为，他要对大明的灭亡负责。这种看法值得商榷，他固然没起什么好作用，但还不至于有亡国之责。

在红丸案中担有很大嫌疑的崔文升和李可灼，最终的处理结果是：崔文升发往南京安置；李可灼判流戍。这都是按照用药失误来判决的，好歹还没丢命。

纷纷攘攘的红丸案，就此落幕，但在此案中对峙的几大势力没有变动，换了一个皇帝，他们还是要斗。因此，紧接着，就爆发了明末的第三大案——“移宫案”。

第三章 千钧一发“移宫案”

所谓“移宫”，是指皇室成员因身份改变，而在宫内搬家。在明末，出了一件闹得不可开交的“移宫案”，比戏剧还精彩。追根溯源，还是从万历帝那会儿留下的病根。

万历的正宫娘娘——王皇后，病逝于万历四十八年（1620）四月初六。她和万历，是命中注定的夫妻。她一死，万历也好像没有几天活头了。郑贵妃眼见万历快要不行了，就打起了万历身后的主意。她以伺候皇上为借口，堂而皇之搬进了皇帝的住处乾清宫。

人在病中，心肠自然就软。万历禁不住郑贵妃的软磨硬泡，最终在遗嘱中留下话，要封郑贵妃为皇后。

郑贵妃从一个不愿嫁入宫中的民女，历练到现在，已是一个成熟的政治人物了。她精心侍奉万历几十年，要的就是终身的权势——当个皇太后，好让小皇帝也听自己的指挥。

可惜，死了的皇帝压不住活着的廷臣。由于舆论的强烈反对，皇太后的梦没有做成，郑贵妃在失望之余，耍起了无赖，赖在乾清宫不走。

新登极的泰昌帝常洛，心慈面软，不好意思赶她走，自己仍住在太子的住处慈庆宫。但宫里的这个态势太过荒唐，她郑贵妃并不是泰昌帝的亲娘，占住了皇帝的住处，算怎么回事？廷臣们看不过去，由杨涟、左光斗牵头，借着红丸案的由头，把郑贵妃撵到慈宁宫去了。

按说慈宁宫这个地方，对郑贵妃来说，还是颇为名正言顺的，这是皇太后或皇贵妃需要单独住时住的地方。

但郑贵妃很失落。不要看这只是一次正常的移宫，实质上，只要一搬家，就意味着左右宫内全局的大权丧失了。你在慈宁宫里发话，还能有谁听？郑贵妃想想，再无其他路子可以重新接近最高权力了，就只有死死抓住泰昌帝的心肝儿宝贝李选侍。

结好有权的人，以实现自己的意图、抬高自己的地位——这一招，对很多有野心的人来说，不用谁教，他们天生就会。

偏巧，这个李选侍活脱脱就是郑贵妃的翻版，两人一拍即合。李选侍依仗泰昌帝的宠爱，在太子宫的时候，就是一副横行霸道的模样。皇长子朱由校的亲生母亲王才人，就是曾被她殴打，郁闷在心，给活活气死的。

王才人死后，万历心疼皇孙由校，就命“西李”抚育由校。李选侍借这个机会与郑贵妃勾搭在了一起，两人开始做起了政治交易。

泰昌帝登极之后，因为他原来的正妃已经死了，因此皇后位置空缺。李选侍想谋的就是这个位置。泰昌帝倒是没意见，但是，选侍是不能一步到位封皇后的，中间要经过一个皇贵妃的台阶。

李选侍在别人面前是母老虎不假，但这种人也有温柔的一面。她媚上的本领既简单又有效，迷住了泰昌帝。泰昌帝八月初一登极，八月初十就传谕礼部，要礼部赶紧封李选侍为皇贵妃，后来又连催了两次。但礼部尚书孙如游，对东宫未建却要先封李选侍大为不满，有意拖延，一拖就拖到了八月底，泰昌帝马上就要不行了。

八月二十九日，泰昌帝自知大限已到，在病榻上召集大臣托付后事，又提起了封皇贵妃的事。

谁也没想到，此时，李选侍就在床后的帷幕里边。泰昌帝的话还没说完，李选侍就一把撩开帷幕，腾腾腾地走了出来！

李选侍没理别人，只是大声将皇长子由校，唤进帷幕后面去，斥责了一阵儿，然后又一把将他推了出来。

朱由校那年不过十六岁，一个孩子，委委屈屈地走到父皇的床前，哭丧着脸说："要封皇后！"

泰昌帝闻言脸色大变，一言不发。众大臣也料不到皇长子会说这个话，都感到愕然。

孙如游见场面尴尬，连忙出来打岔："皇上要封选侍为皇贵妃，礼部当加紧准备。"

这一岔，就岔到南山去了。泰昌帝心领神会，应了一声："好！"此事也就轻松略过。

李选侍在帷幕后听得真切，但也无可奈何。这等场面，她怎能再抛头露面跑出来闹？

到第二天，泰昌帝就死了，李选侍处境尴尬，连受封皇贵妃的事，也立刻变得渺茫了，至于封皇后搞垂帘听政，那更是成了神话。

李选侍闹了个鸡飞蛋打，实在咽不下这口气，于是就学了郑贵妃的样儿，赖在乾清宫不走。郑贵妃也跑来给她出主意，要她把皇长子由校扣在手里，让由校发话，封李氏为皇太后、封郑氏为太皇太后，两人便可以共同理政。

李选侍的这一手，直接引发了一场移宫案。

最先知道郑、李密谋的，是司礼监太监王安。此人当时是内廷最有权威的人，他为人一向正直，此次也直接介入了移宫案，使得李选侍处于极其不利的地位。王安把“选侍欲拥立皇长子，仿前朝垂帘故事”的阴谋，写成了揭帖，遍投京中大臣，给众人提前敲响了警钟。

现在回过头来，再说泰昌帝暴毙的那天。九月初一，天刚亮，首先奉召赶到的顾命之臣，是杨涟和“七卿”——六部尚书和都御史。他们一伙人到了乾清宫门外，才知道皇帝已经驾崩了。众人都惊惶不定，趁着等候尚未到来的阁臣之机，议论起应该如何保护嗣君的事来。

众大臣那时尚不知李选侍的棋路，吏部尚书周嘉谟、户部尚书李汝华、都察院都御史张问达等人都说，皇长子既无嫡母又无生母，孤单无依，怪可怜的，不如托付给李选侍照顾。

那不是把小皇帝送入了虎口！

在场的杨涟立刻表示反对，他大声说：“天子岂可托妇人！李选侍无德于储君（由校），有怨于圣母（由校生母）。眼下李郑连体，包藏祸心，奸人争附。若将大权让与她，不是养虎遗患？那样的话，我辈将无侍奉新君之日了！现下当务之急，是要见到皇长子，见到后，即呼万岁，请圣驾移出乾清宫，暂居慈庆宫。”

杨涟的这个意见，在认识上是相当清醒的——让新君摆脱李选侍的控制，才是保证朝政正常运作的关节点。众人一听，茅塞顿开。

按说杨涟这时只是一个兵科给事中，远不够列入顾命大臣的资格。就因他不久前上疏议论郑贵妃封太后事，言辞激烈，甚至有冒犯天威之处，泰昌帝看了不但不恼，反而很赞赏，将他列为顾命诸臣之一。众大臣对他刮目相看，他也就此介入了移宫案，以一个言官的身份，影响了整个大局的走向。

此时，方从哲、刘一璟、韩爌等阁臣也都赶到。十三位顾命之臣现已会齐，众人在首辅方从哲的带领下，就要进宫去“哭临”（瞻仰遗容）。

待走到乾清宫的宫门，大臣们抬头一看：一伙太监手持木棍，拦住了大门，不容许任何人进入。

这种凶神恶煞的情景，谁也没料到。

混账！这情景先就激怒了杨涟，狗仗人势，也不分个地方！

杨涟本就是个忠直刚烈之臣，再加上先帝对他又有知遇之恩，他早就不惜以死图报。

此时他挺身就要往里面冲，众太监拿着木棍向他逼来。杨涟不顾死活，大声呵斥：“奴才！皇上驾崩，正是臣子哭临之时，谁敢辱天子从官！嗣君幼小，未知安否，你等阻门不容顾命大臣进入，意欲何为?”

这群恶奴虽然猖獗，但所依仗的也不过是先帝的一个妃子。杨涟根本不把这女人看作是什么权威，凛然正气之下，也没忘了敲打这些太监：如今不是李选侍能操控一切的时候了。

太监们被这气势所吓住，有所迟疑。杨涟便上前，拨开了木棍，群臣借势一拥而入。

大家进了宫，照例是在灵柩前一通大哭。哭完，才发现不对：嗣君由校并没在灵前。

刘一璟即问近旁太监：“圣上宾天，皇长子应该在灵前即位，如何却不在此？”

太监们听他这一问，都纷纷闪避开，无人作答。

只有王安一人没动地方，凑近来悄悄说：“皇长子被李选侍藏匿在暖阁中，要封了皇贵妃才放出来。”

刘一璟勃然大怒，喝道：“哪个敢藏匿新天子？”

王安连忙劝道：“莫急。列位在此稍候，待我进去瞧瞧。”

说完他转身来到里面，见到李选侍，故意语气平静地说：“各位顾命大臣正等着新帝在灵前即位。”他还解释说，光把皇长子藏起来，是没有用的。群臣拥立这一环节，按例是不能免的，只有通过拥立，新帝才能登极。

李选侍面临宫中巨变，也是心神不宁，在这关键时刻，脑子突然没转过弯来，居然被说动了心，就叫人把藏在暖阁里的由校唤了出来，让他跟着王安出去一趟。她当时想的可能是，反正由校没出乾清宫，即便成了新皇帝，也在我的手心里。

由校刚走了两步，李选侍忽然凭本能察觉到不对，急忙去拉由校的衣服。

王安哪里还容她反悔，急忙牵住由校，躲过了这一拽，然后拉起由校就往外面跑。

待到了前殿，诸臣一见皇长子终于出来，便齐齐伏地，高呼“万岁”。由校年纪虽小，这一刻的应对倒也得体，连声说道：“不敢当，不敢当！”

群臣这一喊，就算是确立了新的君臣关系，大局定了下来。大家知道此处不是说话处，便爬起来。刘一璟拉着由校的左手，英国公张唯贤拉着由校的右手，由王安为前导，群臣簇拥在后，一行人匆匆走出乾清宫。

大臣们七手八脚，把由校扶上了停在宫门前的软轿。

就在这时，殿内传来李选侍凄厉的喊声：“哥儿回来，哥儿回来！”

诸臣理也不理，看看轿夫还没来，他们自己抬起轿子就走，向前走了几步，轿夫才赶上来。这支奇特的队伍出了乾清门，直奔文华殿而去。一路上，从乾清宫追出来好几拨太监，打算把由校抢回去。

形势真是千钧一发。刘一璟紧紧挨着御辇疾行，保护着由校，把那些想靠近的太监一个一个赶走，一共撵回去了三拨。

在这三拨太监里，有一位叫李进忠的，出力最大。当时这个李进忠的名头，并不响亮，可是他后来另有一个名字，那可是无人不知，那名字就是——魏忠贤。

魏忠贤是北直隶河间府肃宁（今河北省肃宁县）人，无赖出身，目不识丁，后来爬上了内廷的最高位，不仅控制了皇帝，还控制了整个国家，显赫不可一世。

此时的魏忠贤，还没有那么大权势，只是李选侍身边的一个心腹太监。他追上了御辇，气势汹汹地问：“你们要把皇长子带到哪里去？小主子年少怕人！”说着，就伸手要来拉由校。

由校不禁面露惧色。杨涟见此，便冲上来，痛斥魏忠贤道：“殿下是群臣之主，四海九州，莫非臣子，还怕什么人？”

拉拉扯扯之中，皇长子终于被群臣拥到了文华殿。文华殿外，锦衣卫早已得到号令，森然而列，将众宦官一律挡住，魏忠贤等人只能怅恨不已。

到得文华殿，一批官员早就等候在那里，先向由校行了叩慰礼，又将由校扶上正座，再行五拜三叩头礼，算是将由校立为了东宫太子。群臣礼毕，就提请太子即日登极，正式做皇帝算了。由于太子登极通常得有一个辞让的虚礼，由校当然不能马上答应，只答应了初六再说。

东宫册立完毕后，李选侍又派人来，叫太子回乾清宫去。朱由校对这母老虎李选侍还是很怕，但群臣不怕。刘一璟等人已胜了一局，哪还能容这后宫女人翻手，立刻向众人宣示：“乾清宫绝不能再去，殿下可先住慈庆宫（太子居住处）。”

太子由校对这个决定当然满意，转忧为喜。

刘一璟又对王安说道：“主上年幼，又无母后，今后外廷有事，由顾命诸臣担当，宫中起居，就有劳你了。”

王安对李选侍一向反感，对她将由校生母王才人殴辱致死的事，尤为愤恨，当下就然诺：“小臣愿全力扶助太子。”有此承诺，群臣一片欢呼，再无顾虑。随后，顾命诸臣便拥着太子到了慈庆宫。

安排妥当后，诸臣退出慈庆宫，回到内阁去商量登极日期。

对这个问题，众人意见不一。有主张九月初三的，有主张初六的。还有性急的，说干脆就在今天午时办了算了！

杨涟是其中主张缓办的一个。他认为太子父丧未殓，就要衮冕临朝，似乎于礼不合。古代太子当皇帝，即位与登极是两个不同的概念。即位，是指在先帝灵柩前接过天子职权，因为国不可一日无君，但这并不等于就是做了皇帝，一定要举行了登极大典，才是正式做了皇帝。

杨涟的这个看法，是正统派的观点，但在当时情势下，就显得太迂腐了。太子这次被仓促拥立，是出于不得已，于礼法也是不合的，有事后被否定掉的风险。因此，最稳妥的做法，就是赶快登极，把生米做成熟饭，不给李选侍的势力以任何可乘之机。

因在这次拥立中，杨涟的功劳甚大，他说话也就有了分量。于是，初六登极，由杨涟一言而决。

顾命诸臣商量完后，还在文华殿没走的巡城御史左光斗得知，怕夜长梦多，气得啐了杨涟一口，大骂道："要是出了差错办不成，你就是死，吃你的肉又有何用?"

这一骂，杨涟才猛然醒悟。此时李选侍仍盘踞乾清宫，余威尚在，宫内爪牙遍布。而太子独在东宫，大位未正，事情就成了悬搁状态，这实在是太不靠谱了！

杨涟越想越怕，竟惊出一身冷汗来，连忙嘱咐锦衣卫都指挥使骆思恭，这几天，务必对东宫加强警卫。然后，又同左光斗一同去找吏部尚书周嘉谟，商量要施加压力，把李选侍赶出乾清宫，不可让她将来与新皇帝住在一起。

他们的这一决断，非常及时。因为就在此时，李选侍听了魏忠贤的进言，正在挖空心思，想要把嗣君由校重新控制在手里。

初一这天下午，险象环生。因为泰昌帝要入殓，太子必须到场，由校又来到乾清宫，李选侍立刻把他扣在了暖阁中。

把嗣君扣在手中，这是魏忠贤出的第一个主意，如果事情到此为止，则李选侍在权力争夺中就算大胜。可惜，她运气不好，手段又不够狠，被在场的司礼监太监王体乾据理驳斥，竟然让太子又走脱了！

她由此失去了最后一个机会。

为亡羊补牢，魏忠贤马上又出了第二个主意。他认为乾清宫是帝权的根本，李选侍在这里不动，问题就不大。他撺掇李选侍传谕把所有的奏章一律先送乾清宫，再由这里转往慈庆宫。如此，李选侍就一样可以控制朝政。

到了第二天，九月初二，大行皇帝的棺椁要移至仁寿殿。太子先到了场，李选侍马上就派人来，要太子去乾清宫一趟。由校的胆子已经大了些，知道现在没人敢强迫他干什么了，便根本不予理会。

李选侍这边，正拿太子没办法，外廷那边，尚书周嘉谟等人又联名上疏，要撵李选侍赶紧移宫。

由校接了这道奏疏，也相当配合，立即批复，九月初六正式登极。为避免不便，命李选侍赶快搬到仁寿殿去。

这就是在逼宫了。紧急关头，魏忠贤又给李选侍出了第三个主意，拖！

可是左光斗紧接着就有一疏上来，说："内廷有乾清宫，犹如外廷有皇极殿，唯有天子居之，唯有皇后得共居之，其余嫔妃不得长住。选侍既非嫡母，又非生母，俨然尊居正宫，而使殿下退居慈庆宫，不得守灵堂、行大礼，这叫什么名分？殿下春秋已有十六，内有忠直太监，外有诸位公卿，何虑辅佐乏人？难道还要放到襁褓之中喂奶吗？况且殿下情欲初开，正宜少见诱惑为好，何必托于妇人女子之手？今日若不早作决断，某人将借抚养之名，行专制之实。武氏之祸，若再现于今，将来有不忍言者！”

左光斗的这一疏，在推论、用词上都相当刻毒。以李选侍比武则天，不仅隐喻她将要专权篡位乱天下，而且还讽刺她有可能“嫁了父亲又嫁儿子”。

李选侍看了这疏，简直气晕了，想把左光斗活吞了的心都有。魏忠贤就给她出了第四个主意，派太监宣召左光斗来乾清宫议事，就此把他杀掉，以此杀一儆百，镇住外廷那帮多嘴的东西。

李选侍认为这法子可行，就连派了几拨人去请左光斗。

左光斗是东林党人当中态度比较激进的一位，对形势也看得比较准，他断然拒绝了宣召：“我天子法官也，非天子召不赴。若辈何为者？”——你们算什么东西！

李选侍眼看着叫不动他，怒不可遏，就派内侍到慈庆宫去请由校到乾清宫来，议处左光斗。

嗣君由校此刻正乐得坐观形势演变，怎么可能去参与整治自己一方的臣子，所以他也断然表态，就是不去！

在这一阶段，由李选侍制定的奏章审阅模式已开始运行，左光斗的奏章，是先到的乾清宫。由校对左光斗的态度很感兴趣，便叫人去乾清宫把左光斗的奏疏拿来看。

由校觉得左光斗讲得很不错，于是在九月初四让王安拟旨，正式下诏促请李选侍赶快移宫，腾地方。

宫中现下的形势，真是微妙万分。泰昌帝一死，冒出了两个互相抵触的权力中心。一个是旧有的，虽然名分不太正，但已运作了多年，在宫内势力很大，对外廷也还有很大的威慑力。另一个是新崛起的，虽然君臣刚刚结为一体，但名正言顺，站在礼法优势上，且有外廷群臣的强大支持为基础。

李选侍因为失去了合法的权力资源，略显得有些被动，但困兽犹能一斗。平心而论，魏忠贤给她出的几个主意，每一招都相当高明，可是由于对方防备严密，结果一招也没见效。

在这一天，李选侍方面又有两个动作。一是放出了风说，杨涟、左光斗都将被逮捕。这是想以恐吓来阻住群臣进逼的态势。二是说，李娘娘总要缓一缓才搬得成。这是不得已而求其次，意在以拖延时间的办法，增加要价的砝码，逼迫群臣在优待条件上让步。

双方的人马都知道，决战的时刻马上就要到了，胜败系于一线之间，因此都在紧张地奔走。

魏忠贤几次三番地往慈庆宫跑，还是想把嗣君骗到乾清宫去。杨涟则不畏流言，在宫内外频繁联络。

两人恰在麟趾门相遇！

杨涟便冷冷地问："选侍哪一天移宫?"

魏忠贤摆摆手说："娘娘正在气头上，说不得。不过，母子一宫，有何不可？李娘娘如今要追究左御史说的'武氏之祸'是什么意思，我来请殿下过去议左大人的罪。"

杨涟立刻正色道："公公，你大错了！殿下在东宫为太子，现在马上就是皇帝了，选侍凭什么召他去？且皇上已经十六岁，即便将来不会对选侍怎么样，可你们这帮人的日子能好过吗？”

说罢，对魏忠贤怒目而视。

这一番话，说得相当厉害。魏忠贤不由得心惊肉跳，默然而退，不敢再去打扰嗣君了。而且，杨涟的这番话，也一下就点醒了魏忠贤。他忽然领悟到，李选侍确实是大势已去，再死心塌地跟着她跑，怕是没有前途了。

此时李选侍对首辅方从哲还抱有幻想，希望他能援手。李选侍有这样的考虑，也不算错，因为方从哲和郑贵妃关系密切，与李选侍也有过交往，应该属于盟友关系。可是方从哲在不久前的红丸案中，刚惹了一身骚，正愁撇不清呢，此时面对群情汹汹，哪里还敢袒护李娘娘？为了减轻自身的压力，他反倒是力主移宫的一位，只不过态度不那么激烈罢了，认为拖一拖再移亦无妨。

首辅的这个态度，在一批臣子当中产生了负面的影响。加上有人听到关于李选侍即将垂帘听政的谣言，有人看到所有奏折已先送李选侍过目，心中都不免畏惧，怕站错了队，将来遗患无穷。

因此，初四这一天的局势，还只能说是呈胶着状态。

到了九月初五，离正式登极只有一天时间了。皇帝明天就应堂堂正正地住进乾清宫，再住在慈庆宫的话，何以向天下交代？

事急了！

这一天，杨涟按捺不住，反复在朝房、掖门、殿廷等处向人陈说利害，最终促成了顾命诸臣在慈庆宫门外集会，商议办法。杨涟提议，首辅方从哲应去催促李选侍赶快移宫。

方从哲态度犹豫，想了半天，才说：“迟亦无害。”

杨涟容不得他这样首鼠两端，激烈反驳道：“以前作为皇长子住太子宫犹可，明日就是天子了，难道反而要住太子宫以避宫人吗？即使是两宫圣母在日，如夫死，亦当从子。选侍何人，敢藐视天子如此！”

此时，从乾清宫那边前来探听情况的太监，往来如织。其中一个听到这话，忍不住插嘴道：“李选侍也是顾命中人！”他的意思是说，先帝临死时受顾命的，不光是诸臣，还有李选侍。未来天子交给李选侍监护，于理也不悖，诸臣何必逼得那么苦？

这话一下激怒了杨涟，他厉声斥责道：“这是什么话？先帝是如何说的，选侍也听到了。如果先帝说过这样的话，那就请李选侍到太庙，在祖宗神灵前起誓！你辈莫非吃的是李家的俸禄，才这样子帮她说话？”

杨涟越说越激动，索性冲进慈庆宫，大呼道：“能杀我则已，否则今日不移，我死也不离开！”

他的情绪感染了众人，在场的重臣刘一璟、周嘉谟也疾言厉色，随声附和。众人随杨涟一起冲入宫中，齐声大呼：“快快离宫，快快离宫！”

一时群情激奋，呼声震天，连身在宫内的由校都被惊动了。

事情闹到这个程度，各方面事先都没有料到。太子由校感觉自己不出面不行了，就派太监传谕，让领头的杨涟先退出宫去，给现场降一降温。

杨涟退出慈庆宫后，立刻又写了一疏，再次申明观点。他的文笔好，此次又是义愤填膺，奏疏写得字字如刀。文末，他再次疾呼：“此移宫一事，臣言之在今日；殿下行之，亦必在今日；阁部大臣，推动此事，不负先帝之托，亦在今日！”

一连几个“今日”，句句敲响的是李选侍的丧钟。

杨涟此疏一上，立刻在群臣中引起轰动，舆论更是沸腾。李选侍在这个关键时刻，被群臣这种不要命的阵势给吓住了。

外廷大臣在慈庆宫高呼口号，声势夺人，她毕竟未见过这大阵仗，已经胆战心惊。杨涟奏疏又是寸步不让，无法辩驳。此时王安也连连对她进行恐吓，让她还是不要把事做绝为好。

巨大压力之下，李选侍不知所措。据后人推测，此时魏忠贤的态度也一百八十度转弯，不愿再做李选侍的死硬派了，而是劝李选侍要识时务，赶快撤退为好。

李选侍万念俱灰，只得认了命，答应马上离开乾清宫。

大树倾倒，一派凄凉。在仓促中，李选侍等不及侍从准备好，就自己抱着亲生女儿（皇八妹），徒步去了仁寿殿哕（huì）鸾宫。这个地方，是明代嫔妃宫女的养老处，靠近紫禁城的东墙，孤零零的，凄凉之极。

按她此时的名分，只能来这里居住。她之所以赖着不移宫，也是忍受不了这个巨大的落差。但是她在与顾命诸臣对抗的过程中，只顾使蛮力，光是坐在乾清宫里打发太监去哄骗太子回来，没能充分利用在宫内的权势，采取非常手段，控制住局面，结果处处失了先机，只落得个孤家寡人的结局。

移宫之后，李选侍大权尽失，就此完全退出政治舞台，再没翻起什么浪来。她本人后来的命运倒也还不错，经历了明清之际的变乱，竟安然活到清康熙十三年（1674），至少活到了八十岁。

轰动一时的移宫案，终告落幕。太子由校于九月初六正式登极，紧接着要办的事，就是定年号。

定年号本来不是一件难事，但君臣在一阵大乱之后，终于平心静气来做这件事时，才发现：他们遇到了开国以来从未遇到过的大难题！

按照明代仪典，新皇登极，就要诏告天下改元，也就是从下一年起，改变年号。新皇帝即位的这一年，仍然沿用旧年号。

可是这个万历四十八年（1620），在一个月多时间连死了两个皇帝，麻烦就大了。泰昌帝的年号“泰昌”当然已经定下，但还没等使用就一命呜呼。新皇帝的年号“天启”也很快就定下，那么，下一年究竟叫什么，就成了问题。

第一种主张，是不用泰昌年号，第二年直接叫“天启元年”，可是这等于抹掉了一个皇帝存在的事实，将来的历史该如何写？第二种主张，是把万历四十八年取消，叫泰昌元年，可是这等于把万历帝在位时间缩短了一年，今后涉及这一年里万历帝的作为，就会出现时间错乱。第三种主张是明年叫泰昌元年，后年再叫天启元年，这主意就更荒诞了，泰昌元年竟然没有一个泰昌皇帝，岂不是更加混乱？

最后总算找到一个折中方案，就是把万历四十八年一分为二，从当年八月初一到除夕，称为泰昌元年，前面仍为万历纪年。就这样，可怜的泰昌帝，好歹捞到了一个年号。

在这个古里古怪的泰昌元年里，移宫案仍有余波。

在移宫时趁乱盗宝的一伙太监，刘朝、田诏、王永福等被抓住后，新登位的天启帝大怒，命全部下狱问罪，要求审案甚急。这些家伙怕了，就放出风说，新君对先帝嫔妃太过苛刻。还造谣说，李选侍差点儿被逼上吊，皇八妹也要跳井，等等，以图减轻处罚。

其他诸多太监、宫女，在移宫时可能也都各捞了一点儿，此时人人自危，便也恶意哄传，谣言一时竟闹得沸沸扬扬。

方从哲有个亲信御史贾继春，把这些传言搜集一处，上书内阁，认为新天子刚即位，众臣不应诱使新君违忤先帝，逼迫庶母，致使先帝尸骨未寒，妻女不保。

那时，贾继春依附方从哲，已被朝中东林党人目为奸党，而他不但不避嫌，反而公开为李选侍张目，这就惹恼了东林党众人。

当下就有给事中周朝瑞牵头，发动一批言官，围攻贾继春，指责他是“奸党”。

贾继春不服，继续上书内阁，陈述他所知道的事实，以证明自己不谬。内有一句骈体文，是说“伶仃之皇八妹，入井谁怜；孀寡之未亡人，雉经莫诉”，因词句华丽，竟传诵一时。刑部尚书黄克缵、给事中李春晔、御史王业浩等，也群起为他推波助澜，想解脱盗宝的一帮太监。

天启那时头脑还清醒，非常厌恶贾继春的妄言，疑其有朋党，想要对他严谴。

但天启的这一打算，受到阁臣刘一璟的谏阻。刘一璟认为，天子新即位，马上就怀疑臣下有朋党，以后难免要被奸人钻空子，士大夫必受其祸。他上疏开导天启，也为贾继春做了缓解，力言朋党无实。最终，贾继春不过是削籍而去。御史张慎言、高弘上疏欲救贾继春，天启想把他们一并治罪，也被刘一璟劝阻。

刘一璟在得势之时，不主张穷追猛打对手，不激化党争，看得出，他还是很有远见的。

天启对李选侍的愤恨，一时不能消除，为了对抗谣言，便传谕内阁，列举了李选侍殴辱圣母、挟制先帝封后等诸般恶行，让内阁拟旨，昭示天下。方从哲不愿这样做，动用了内阁首辅特有的封驳权，将皇帝的上谕封还，不予处理。

杨涟在此关键时刻，上了一道疏以正视听。他讲述了移宫的详细过程，驳斥了所谓“上吊”“跳井”的谣言，天启立即发了上谕，给予支持，舆论这才有所澄清。

在移宫案中，杨涟以一名小臣身份力挽狂澜，其忠心，其胆略，都殊为可叹。据说，在泰昌帝死，至天启帝登极这短短六天中，他耗尽心力，竟然须发皆白！

移宫案结束后，转入了天启元年（1621），大明的朝政可说是一派清明。声名不佳的方从哲被迫辞职，内阁陆续补进一批新人。到这年的十月，东林党人叶向高再回内阁，按惯例重任首辅。

吏部尚书周嘉谟，与东林党的关系也很不错，趁机大批挤走浙、楚、齐三党分子，起用了很多万历末年被罢的官员。

这时候的朝政，可说是东林党人一统天下，一派“众正盈朝”的大好气象。

至于内廷，则是由识大体的王安掌控。天启的谕旨、诏书，皆由王安执笔，一切井井有条。

天启在众臣的建议下，也开始了读书补课，初期的表现相当清醒，不像是个昏君的样子。

可是，谁也想不到，就在这东林党人的铁桶天下里，那个李选侍的原心腹魏忠贤，迅速改换门庭，从此左右逢源，进入中枢，渐渐拉起了一派政治势力——“阉党”。

在其后的政治角逐中，几次阴差阳错，魏忠贤最终将东林党人完全击溃，并打入了血泊之中，导致天启一朝，成了明代政治最黑暗的一朝。

正是在这个时期，既成就了一代权奸，也成就了一代忠烈。中国古代历史上最惨烈的正邪势力大厮杀，就是在这样一个背景下展开的。

第四章 宦官群体的由来

关于魏忠贤，关于阉党，早已有历史定论。网络上近年有些试图翻案之论，其实多为浮议，是经不起史籍记载验证的。

魏忠贤的发迹，对于研究晚明制度的结构弊病，有着非常重要的参考意义。

在张居正之后，他也是一个曾经左右晚明命运的政治人物。

诚然，他是一个典型的恶人，然恶人之为恶，也须有他的道行。对这类人要是剖析透了，对善良的人们来说，也有提高警觉的作用。

特别是剖析一个出身无赖的小人物，是如何攀缘而上，最后竟能登上高位、左右大局，就更有意义了。

他是用什么伎俩讨得上司喜欢的？是用什么利器撬开权力大门的？是用什么招数避开灭顶之灾的？是用什么权术逐个消灭对手的？——仔细研究，或许可以提高我们识别恶人、遏制恶势力的本领。

关于魏忠贤，后人有个附会，叫作“八千女鬼”。

这是一个拆字法的字谜。

关于“八千女鬼”，早年民间有各种传说。相传，诸葛亮在军中，曾于闲暇时，写过一本奇书叫《马前课》，专门预测天下大事。这“课”，乃占卜之义。“马前课”就是在马前起一卦。书中有一句，预言了蜀国未来的命运，说是“无力回天，鞠躬尽瘁。阴居阳拂，八千女鬼”。

看过《出师表》的人都知道，第一句里的“无力回天，鞠躬尽瘁”是讲他自己，后面的“八千女鬼”，就是我说的这个字谜。“八、千、女、鬼”，合起来是个“魏”字——他早就知道，蜀汉终究要被魏国给灭掉。

还有一个传说，明初刘伯温的《烧饼歌》里面也有一句，是“八千女鬼乱朝纲”。《烧饼歌》讲的也是预言，载于中国传统历书《通胜》之中。说的是洪武元年（1368）某一日清早，朱元璋正在内殿吃烧饼，见刘伯温进来，便想测试一下这老头儿的智慧。他把烧饼扣在碗里，问刘老头：“先生心明数理，可知碗中是何物件?”刘伯温掐指一算，对曰：“半似日兮半似月，曾被金龙咬一缺。”

朱元璋大惊，心想老儿确实有两下子，于是放下架子，虚心请教大明未来的国运如何。刘伯温当仁不让，信口开河。老皇帝问一句，他答一句，所答皆七字诀，出口成章，并且后来无不应验，其中就有一句是“谁人任用保社稷，八千女鬼乱朝纲”。

这个，说的就是天启年间魏忠贤乱政的事。

这两个传说，当然都是流言，估计都是野史里文人的附会。

市井浮言，我们就不提了。天启年间的种种事，还是从魏忠贤谈起比较清晰。

魏忠贤本名魏四，肃宁人。肃宁，明代属北直隶河间府，是京师之南、太行山东麓的一个穷县。他家所在的村子，在肃宁县西北，潴龙河畔。那时候，整个河间府地势都很低洼，十年九涝，年年歉收，穷得连皇帝都知道（据当代专家考证，此地贫瘠是因为水利年久失修，土地盐碱化严重）。只有这肃宁西北，老天开眼，给保留了一块“宜梨之地”，就是这地方特别适合种梨，出产的鸭梨个大、皮薄、汁多，从宋朝时候起就成为贡品。明朝从永乐年间开始，也开始向宫中进贡这里的梨。

大概因为魏忠贤是恶人吧，魏氏老家的村子叫什么名儿，正史里均不载，倒是小说里曾提及，有写作“梨树村”的，有写作“魏家庄”的，都只能存疑。

这魏四，就生长在这么一个地方，用北方土话讲，这出身是“满脑袋高粱花子”，一辈子刨土的命。可就是这个连个正经名字都没有的魏四，并没有屈从于命运。他天资聪明，机警狡诈，能言善辩，估计一天农活都没干过，从小就不务正业，四处游荡，后来又爱好赌博嫖娼、吹拉弹唱、骑马射箭，是个十足的无赖。

这家伙聪明是聪明，但赌博上偏偏又是个臭手，欠了一屁股债。家中生计无着，闹到老婆改嫁，女儿卖给人当童养媳。史书上载，他最后被追债的恶少逼迫羞辱，愤而自宫，也就是自己把自己给阉了，找个机会，进宫当了宦官。

他进宫的时候，是万历十七年（1589）。整个万历年间，太监都是不大得势的，他一开始干的，大概也就是扫地、倒马桶一类的活儿，在宫中默默无闻三十余年。就在泰昌帝驾崩、天启帝即位这个历史关口，昔日的魏四时来运转，被皇帝赐名忠贤，开始步步登高。七年之间，位极人臣。生杀予夺全出于他一人之手，公卿竞相奔走其门，以至民间只知有忠贤，不知有皇帝。

据《酌中志》记载，当时魏忠贤出行，所到之地，家家都要焚香跪迎，路两旁插上杨柳、花朵，士大夫遮道拜伏，直呼“九千岁”。他的仪仗随从冠盖如云，个个鲜衣怒马，浩荡疾驰如闪电，马蹄杂沓如雷鸣，一路驰过，烟尘蔽天。

如要远行，那阵仗就更大。出行之前，京师须戒严数日，繁华闹市空无一人。出行时，魏忠贤本人坐八抬大轿在前，亲信坐四抬大轿紧随，后面是千名禁军簇拥，密如虫蚁，疾趋而行。护卫士兵们边跑边发射鸣镝（响箭），呼啸穿空。十多支鼓乐队随行演奏，高歌猛进。夏天有专车载运冰块，冬季有专程运送炭火，其场面之盛，逾越帝王！

由此看来，这个大宦官，与晚明政治局势走向的关系，与晚明国运衰落的关系，与天启年间畸形政治的关系，都很值得研究。

在我国古代的皇权制度下，到了明朝，官员的准入、晋升制度已经很严密。也就是说，官员的来历都很清楚。不识字的人，别想通过科举一途做官；没有进士文凭的人，别想做到顶级高官；没有老爹的立功，就没办法靠“荫子”的恩赏得官；一贫如洗的人，那就连捐官（花钱买官）的路都堵死了。

像魏四这样的条件，想通过正常路径做到位极人臣的份儿上，那是想也别想。他只有靠阉了自己，才有做大官的可能。

因此，有必要先了解宦官这个群体的来龙去脉。

宦官是怎么制造出来的？相信大家都知道个七七八八，这里就不多说了，免得有污视听。反正基本条件是男人，但经过手术，“命根儿”没有了，成了面光无须、嗓音尖细的“阉人”。具备这个条件之后，经过挑选进了皇宫，成为伺候皇帝和后宫女人的御用人员，这就是宦官。

那么，宦官的来源，如何解决？途径有四：一是在战争中掳掠的敌方适龄男童，二是因犯罪而被籍没的官员家属，三是宫中太监回自己家乡去招徕，四是自己主动阉割入宫。最后这一条，也分两种人，一种是希图就此富贵上进的，一种是贫困潦倒纯粹想找碗饭吃的。当然，也不是阉了就一定进得了宫，也需要候选。等人家选中了，才能引入。

一般对宦官怎么称呼呢？看电视剧里，好像都叫“公公”。其实这里面学问大了。有人统计过，中国历代关于宦官的官方与民间称谓，竟有好几十种，这在古代职官的称谓中，几乎绝无仅有。看得出，古人在这方面充满了幽默感。

归类来说，以生理特点来称呼宦官的，有阉人、奄人、腐人、腐夫、刑余、刑臣、刑隶、刑人。

以他们的工作性质来称呼的，有宦者、宦官。

由于宦官掌管的是皇宫内苑事务，所以又称宫人、内宰、内小臣、阁人、寺人。

以他们常任的一些职位来称呼宦官的，有司宫、阉寺、黄门、内常侍、中常侍、内监、少监、宫监、太监。

以服饰来指代宦官的，则称作貂珰、内珰、珰。

也有以宦官所处的环境来称呼他们的，因皇帝住的地方叫作内廷、禁中，所以也称宦官为中官、中涓、内臣、内侍、内官、内竖。

还有，要是宦官被皇帝派出宫去，专差办事，那就称为中使；因为宦官受皇帝宠信而骤然富贵的，被称为中贵。

而朝官们对宦官也有蔑称，比方熏余、凶竖、阉竖、宦竖等等，总之没有一个是好听的。

至于一般人对他们的尊称，则比较简单，干脆利索，就叫爷或公公。

中国的宦官，最早出自何时呢？据说商代就有，到了周代渐成制度。《周礼》上称他们为阉、竖、寺，这都还不是贬义，指的是“看门的”（所以“阉”从“门”字旁），或是“伺候人的”（寺就是“侍”）。

那么皇帝老爷子要宦官来干什么呢？最早就是看门，干收发室的活儿，监视出入的各色人等。“阉”“竖”“黄门令”的叫法，都是来自此职务（“黄门”就是皇宫之门）。后来，宦官又负担起传达命令、伺候起居之职。到西周的时候，不仅王室有宦官，贵族家也有，相当于一般的家臣。再后来，才逐渐变为仅仅皇宫和藩王府邸中才有了，成了皇家的专用人员。

这里要特别说明一点的是，秦和西汉的宦官，虽然多数是阉人，但也起用一部分士人，统称“涓人”。只是从东汉时开始，宦官才全部用阉人，不再掺杂其他士人。

至于用阉人当宦官的原因，一般是说统治者怕正常人在后宫服侍，容易秽乱宫廷，保不住皇族的血统纯正。还有一说是，皇帝考虑宦官没有家庭，不易谋私，可以做到尽忠竭力。依我看，后面一条原因，恐怕才是统治者真正看重的。因为在他们眼里，奴才靠得住，能臣都不大保险。

由于宦官与君主亲近，所以往往容易得宠，进而插手政治。如果这样，其身份就不只是伺候人的了。从春秋战国时代起，齐国的竖刁、宋国的伊戾，就开始参与国政。到秦末的赵高，则出任中丞相，其权势可以总揽朝政，甚至能主持皇帝的废立。他的“指鹿为马”故事，到今天也是尽人皆知。

宦官集团从汉代起，就不断祸乱朝政。在中国历史上，以汉末、唐末的宦官为祸最烈。汉家天下，就是由一场宦官政变“十常侍之乱”给闹垮的。而唐后期更甚，宦官甚至能废立皇帝。

等到魏忠贤阉了自己，混进宫里的时候，情况已略有不同。宦官在明朝，才被普遍称为“太监”。原因是，明代在宫中，设置了由宦官所统领的二十四衙门，各设了一名掌印太监。太监原本指的是明代宫中的上层宦官，但此后，这一称呼逐渐泛化，变成了对宦官带有尊敬色彩的通称。

明朝的宦官，气焰已经略逊于汉、唐，基本不可能操控皇帝废立了，但是也很有特色，为害一点儿也不比前代小。

明代的宦官不仅机构庞杂，而且人也多，到明末，人数已达十万以上，堪称空前绝后。虽然朱老皇帝在开国后，对宦官约束甚严，于洪武十七年（1384）铸铁牌，上有铭文：“内臣不得干预政事，犯者斩。”置于宫门中，以为警示。又敕令各部院，不得与内廷太监移文往来。

但由于朱老皇帝废除了中书省和丞相制度，导致皇帝的政务负担太重，他本人和他的后代皇帝，又不得不起用宦官来分担政务。结果使得宦官干政合法化、制度化、长期化，比如，司礼监秉笔太监，就握有“批红”权（即用朱笔代皇帝批奏章）；司礼监掌印太监的权势，高于内阁首辅；司礼监提督东厂太监，则掌握了最高侦察权。

在这个演变过程中，太监群体正式成为了国家机器的一部分，且占据的都是近水楼台，故而权势熏天，很容易压倒外廷大臣。

以此来说，明朝也是宦官的一个黄金时代，如果机会好的话，就很有可能在这个时代大露一手，千古留名。

看来，魏忠贤对自己下手的这一刀，是下对了！

但是进了宫，又赶上了好时代，并不等于就一定能飞黄腾达。魏忠贤最先干的是“小火者”，即宫中杂役。须知，在宦官群体里，也不全都是官儿，其下层是劳役人员，只不过是御用的罢了，做的都是倒马桶、扫院子一类的杂活儿。

这个差事，离“内监”的金字塔顶，还差了十万八千里呢。

明朝在此之前，也有两个宦官的权势名气，足可与发迹后的魏忠贤相比，一个是英宗时代的王振，一个是武宗时代的刘瑾。但是，那两位公公都识字，且学问都不错。

王振，年轻的时候就是个儒生，饱读诗书，可惜八股文不过关，屡试不第，最后连秀才文凭都拿不到。后来到某县任教官，教学子读书，依旧困顿潦倒，九年间默默无闻。因对身世感到不平，一怒之下，触犯了律法，被判充军。恰逢明成祖想招一批有学问的阉人，来教宫内妇女识字。王振就看准时机，毅然自宫，进了紫禁城。

这人一开始就有野心，不甘心当妇女扫盲教员，后来终于让他等到了机会。宣宗的时候，皇帝要提高宦官队伍素质，在宫内设宦官学校“内书堂”，王振有幸成为学员之一。因他以前的基础就好，很快便脱颖而出，宫中都尊称他为“王先生”。宣宗欣赏王振的文采，任命他为东宫“局郎”（太子宫中，太监设有六个局，局郎为下级宦官），陪侍太子朱祁镇读书，深受信赖。

后来太子朱祁镇继位，成为英宗皇帝，王振也由此得以擅权，闹出了好大的动静，不少王侯公卿都称他为“翁父”。正统十四年（1449），王振心血来潮，诱导英宗亲征西部蒙古的瓦剌，闹得五十万明朝大军全军覆没，让堂堂英宗皇帝当了战俘。国之巨耻，莫过于此。战场上，愤怒至极的护卫将军樊忠，当场就一铁锤，砸烂了王振的脑壳。

正德年间，又出了另一位著名的大太监刘瑾。他原本姓谈，六岁时被太监刘顺收养，后来净身入宫，遂改姓刘。刘瑾也是自幼读书识字，心机极深。进宫后，碰巧侍奉太子朱厚照，大受宠信。朱厚照继位后，为武宗皇帝，刘瑾因此得以数次升迁，最终当上了司礼监掌印太监，统领内廷。

他专擅朝政，动静也是闹得好大，奏章都可以晚上拿回家去自己批，时人称他为“立皇帝”，称武宗为“坐皇帝”。刘瑾后来栽倒，被判凌迟之时，从他家中抄出的金银珠宝价值相当于全国三年的财政收入。2001 年的《亚洲华尔街日报》，将刘瑾列入过去一千年来全球最富有的五十人名单，不仅留名于后世，而且扬名国际。

上面这两个人的发迹，除了他们富于心机之外，还得有三个条件：有文化，有野心，跟对了人。

这三个条件，魏忠贤一个也不具备。他没上过一天学，进宫当宦官，不过是为了躲债，谋碗饭吃。进了宫后，辛辛苦苦三十年，到最后跟的人也不大对，跟了一个在移宫案中倒了霉的李选侍。

那么，他是怎么在泰昌元年（1620 年下半年）新皇帝暴死之后，摇身一变，乌鸦成了凤凰的？他是怎么在蹉跎多年之后，一脚踏上了时运快船的？他是怎么在天启元年“众正盈朝”的不利条件下，稳扎稳打，最终赢了一回大满贯的？

看来，所谓正奇之道、顺逆之理、福祸之机，都是皇权之下深不可测的套路啊！

第五章 苦藤上结出的一颗苦瓜

明初，朱元璋想要建立小农理想国，迁徙豪强富户到京师和凤阳，战前的产权一律不认，不许富豪再多占田。政府还鼓励小农开荒种地，谁种了土地就归谁。国家赋税劳役不重，朝廷也狠抓了一番教化，大环境有利于出良民。

朱老皇帝亲自写了圣谕二十四字令，教育小民要“孝顺父母，尊敬长上，和睦乡里，教训子孙，各安生理，毋作非为”。其实这就是乡约了，是明代的荣辱观。官府还安排残疾人敲着梆子走村串户地宣传。教化做到了位，老百姓自然安分守己。

到了魏忠贤出生的隆庆二年（1568），情况早不一样了。什么和睦乡里，什么各安生理，那都是“白头宫女说玄宗”，往事休提了！

那时候肃宁县的底层老百姓，跟全天下的百姓情况一样，正在水深火热中，最大的问题就是没地可种。因为河间府离京师近，明末的皇室和勋臣贵戚，都愿意在这里圈地占田，胃口越来越大。他们占下的田，就是所谓的庄田，也叫官田。万历年间的《河间府志》载，官田已占一半还多，余下的民田又多属富户，穷老百姓早先的地，因为赋税越来越重，大伙撑不住纷纷破产，早就给卖光了。

失地农民只有租官田来种，一亩交三分银子田租，灾年也不减不免。官田的租金高，租官田来种，就算是丰年，也仅够吃饱肚子。一到灾年，不卖孩子那简直就活不下去。

河间府的老百姓还有一项特殊任务，就是要给国家养军马，即所谓“官马民养”。这办法是从宣德年间起定下的。指定的养马户，五户养一匹，选一户为“马头”。五十匹为一群，选一户为“牧长”。一匹母马，一年要向国家交一匹马驹。养马户免交田租，而且还可以在官家草场上放牧。这办法看起来是挺不错，利国利民。可是，要是把马养死了，那就要赔，交不出马驹则要拿钱来顶。而官家草场呢，早成了庄田，只能在自家地上种草。地里种了草，那吃粮怎么办呢?

到这时候，再做淳朴状，那就是傻子了。小民活不了，就卖房子卖地卖孩子。要是还撑不住的话，就男的逃亡、女的改嫁，胆子大的去当盗贼恶霸。

存在决定意识，河间府梨树村的魏家，也是一户小农，就这样的环境，出了个魏忠贤，还真是顺理成章，符合因果规律。

话说隆庆二年（1568）的大正月，月底，天气已略见回暖的时候，魏忠贤呱呱坠地。

他的早年身世，史书里记载很简略。因为是恶人，又是阉过的，不是什么上得了台面的王侯将相，所以正史只是一笔带过。倒是一些小说家言，描述得五花八门，多少能品味出这苦孩子的真实状况来。

首先说生下来之后取的名，其说法就不一。有说叫“魏四”的，这很有可能。因为古代的农民没文化，喜欢按排行或者本家同辈大排行，以顺序数为名。但也有人说，因那一年是戊辰年，故魏忠贤的老爹给他取名“辰生”。

还有更离奇的，说是潴龙河这一带庄稼院儿的风俗，生了男孩不是请教书先生或乡绅取名，而是要“碰名”。孩子生下三天后，老爹要在神龛之前上香，供上鸭梨、麻糖、大馒头，烧纸磕头，求老天爷给赐个好名。然后就出门去碰，在第一时间碰上什么东西，就取什么名。

比如，碰上娶媳妇的花轿路过，就叫“双喜”；碰上当官儿的路过，就叫“富贵”或者“财旺”；碰见人家扛粮食路过，就叫“满仓”……碰见好事物，就能取个吉利名，将来准能成才。碰见不吉利的，取了丧气的名，一辈子便有可能没出息。

魏忠贤在自家排行老二，他上面还有一个长他十岁的大哥，叫魏钊。这是史书上也留了名的人物。魏钊是后来改的名，一开始也是“碰名”取的名。那日，他老爹刚一出门，一只大绿蜻蜓就撞在脑门上，老爹心里一阵儿叫苦，只好给大儿子取名“青蚂螂”。河北、北京一带的土话，把蜻蜓叫“蚂螂”（“螂”字读轻声）。

名不是好名，果然人也就笨，据说魏青蚂螂念了一年社学，戒尺挨了无数，连《百家姓》也背不下十句来。这不雅名字就这么一直叫着，直到快七十岁时，老弟魏忠贤发迹成了“九千岁”，皇帝给魏青蚂螂封了锦衣卫千户，在写诏书之前，才改名叫魏钊。

寓意一手攥钱、一手拿刀，又有钱又有势力。

魏老爹给魏忠贤碰名的时候，因有了教训，曾经再三诚心许愿，结果一出门，看见一条大黑狗正抬腿撒尿。得！只好取名黑狗——魏黑狗。

这是小说家言了，聊博一笑。

其实魏忠贤打小时起就是有学名的，叫魏进忠。后来随娘改嫁，继父姓李，所以又改叫李进忠。这个前夫之子李进忠，过去南方的叫法是“拖油瓶”，北方乡间的叫法是“带胡鲁子”。也有人说是魏忠贤切了命根儿进宫以后，怕给祖宗丢脸，才改姓李的。不管怎么说，都能看出其身世之苦。

到天启二年（1622），皇帝开始看好他，给他赐名“忠贤”，并恩准恢复原姓，他从此才以“魏忠贤”名世。

关于魏忠贤的爹妈姓甚名谁，干什么活儿的，也有各种说法。比较权威的，是明代宦官刘若愚所著的《酌中志》，说是魏忠贤的老爹叫魏志敏，老妈姓刘，古代底层妇女名字一般不传，就叫刘氏。夫妻二人以务农为生。

《酌中志》的作者刘若愚，是个很有点儿来头的人，一生遭遇极富戏剧性。他原先是万历年间司礼监秉笔太监陈矩的手下，因为陈矩是个好宦官，所以刘若愚也跟着受了不少正面教育，擅长书法，颇有文才。

陈矩死后，刘若愚改属李永贞名下。这李永贞，在天启年间是司礼监秉笔太监，著名的魏党人物，也是魏忠贤在内廷的第一心腹。后来，刘若愚渐渐也混成了秉笔太监，当然仍居于李永贞之下。

刘若愚虽然因这层关系成了魏党，但他良心未泯，对魏忠贤的恶德败行多有腹诽，只是不敢明说罢了。

据说有一次，天启皇帝和魏忠贤一干人等，叫了戏班子来，在大内看戏。皇帝年轻，也随和，就叫魏忠贤点戏，唱什么都行。魏忠贤一肚子狗粪，哪里说得出个名堂，刘若愚在一旁就趁机提议，不妨演一出《金牌记》。

文章恰恰就在这里！《金牌记》讲的是秦桧陷害岳飞的“风波亭”故事。戏里讲，岳飞遭诬陷枉死后，老贼秦桧夜夜梦见岳飞父子三人前来索命，不能安生。于是，便与老婆王氏一起来到西湖灵隐寺，烧香还愿，超度岳飞亡灵。他还告诉岳飞的在天之灵，说“莫须有”不是他秦桧的主意，而是皇帝赵构的旨意，求岳大人切勿怪罪。

哪知道，在寺里秦桧夫妇遇到了一个手眼通天的疯僧，在壁上题诗，把当初秦桧夫妇商量如何陷害岳飞的悄悄话，给揭了出来，把一对狗男女好一顿戏弄。

台上演戏的梨园子弟，见大奸贼魏忠贤在台下，又点了这么一出戏，哇！都兴奋异常，豁出了命去演，临时加了不少唱段和台词，把戏中的秦桧糟蹋得不成人样。

台上演得空前投入，把台下的天启小皇帝看得乐不可支，一个劲儿喊赏银子。

只有魏忠贤如坐针毡——宋时秦桧冤杀了抗金名将岳飞，魏忠贤那时也刚好冤杀了辽东经略熊廷弼。他只觉得台上的戏子，句句都是在骂他。想要让戏停下，又碍于是皇帝亲点的戏，没奈何只有干挺着。

待到饰演疯僧的演员信手写了一首七律“藏头诗”，递下台来给众人传看。天启皇帝接过，旁边有那认字的太监把奥秘念了出来，每句顶头的一字，连起来念就是“久占都堂，闭塞贤路”。魏忠贤不禁勃然变色，再也忍不住，借口泻肚子上厕所躲了出去，等散戏了才回来。

魏忠贤看《金牌记》受辱这件事，立刻悄然传开，闹得连民间都知道。

后来天启七年（1627）魏忠贤败死，崇祯皇帝钦定逆案，给魏党二百六十一人定案。大太监李永贞在这个集团中，列为二等同谋罪第四名，几乎仅次于首逆，被砍了头。刘若愚紧随其后，名列二等罪第五，也应论斩。

有人在这时候想起了旧事，上疏给崇祯说，刘若愚曾劝天启看《金牌记》，意在规劝。崇祯询之宫人，果有其事，于是免了刘若愚的罪，刘若愚这才捡下一条命来。

后来此人著书《酌中志》，其中有专章叙述魏忠贤的行迹，翔实可信。今人研究魏忠贤者，亦多有所摘引。

据《酌中志》介绍，魏家在肃宁县乡下原本有几亩薄田，生活勉强可过得下去。又据小说家言，魏志敏是个老实巴交的庄稼人，三十二岁时生了魏忠贤，之后由于家中人口渐增，生计陷于困顿。魏志敏只好进县城打零工、卖艺，挣钱养家。刘氏在家留守，侍弄庄稼，农闲的时候就织布纺线，换些零钱补贴家用。大哥魏青蚂螂十三岁起就给人扛小活（打短工），到十八岁又给人扛大活（当长工），给财主卖命，全家就这么半糠半菜地度日。

魏忠贤七岁时，也上过两天学，可是他胸无大志，不好好学，整日偷鸡摸狗、打架斗殴，是个顽劣少年，上他家告状的人无日无之。学坊的先生也表示，坚决不教这个差生。他爹妈只好让他休学，结果他的文化基础，比兄长魏青蚂螂还不如。

老爹魏志敏为此犯了愁，干农活吧，这黑狗子哪是这块料？让这小子跟着自己上县城卖艺吧，那么这一辈子就得成了下九流。没法儿，只好托人把魏忠贤送到肃宁县城一家饭馆学手艺，掂大勺。他一个远房叔叔魏殿武，就在这家饭馆当大厨，当下多有照顾。魏忠贤不用像别的学徒那样，要给师傅端洗脚水、倒尿盆，也不用抹桌子、洗碗，可以一门儿心思学手艺。

要说起来，魏忠贤也是庄户人家出的一个奇才。他长大后，身材魁梧，仪表堂堂，心眼既多，胆子又大。野史上称他多机变，有小才，虽是文盲，但能言善辩，记忆力极好。

这些素质，若是用到正地方，还真是见效。在叔叔手下学了半年，魏忠贤就完全入了门，选料、刀工、调料、火候，无一不通，能上手做高等宴席了。这一手本事，在后来还真有了用武之地。

这段时间里，他的叔叔魏殿武，充当了他的人生启蒙老师。每天晚上，饭馆一打烊，长夜漫漫没什么事，叔叔就给他讲《三国演义》《水浒传》，客观上给他灌输了一些诡诈、权谋和男子汉要出人头地的思想。

这一阶段他也很活跃，外出务工的生活多姿多彩。他一有空就四处游荡，吹弹歌舞，蹴球走棋，爱好良多，且入门极快。他为人活络，广交朋友，县城里的流氓无赖，没有不喜欢他的。在肃宁县有朝廷太仆寺在这儿开的马厂，他和一帮马头混得厮熟，常把马借出来骑，不几日，就练得骑术精良。史籍上称他喜驰马，能右手执弓，左手控弦，射无不中。这一手，日后也给他在皇帝面前得宠加了分。

可惜好景不长。与此同时，他也爱好上了赌博，沉迷其中，屡教不改。叔叔很生气，就把他打发回家了。

在家里混到十七岁，爹妈为了拴住他，让他走上人生正道，给他娶了亲。老婆是涿州人氏，姓冯。不久，小两口有了一个女儿。

成家后，他还是一样游手好闲，老婆孩子吃什么喝什么，一概不管。只要有了点儿钱，就去赌。家里穷得见底，却敢于成百上千地赌博。赌桌上，他又狠又狡诈，总想占人家便宜，一旦赢了钱，就去吃喝嫖娼。

他老爹本来身体就多病，为了撑持这个穷家，劳累过度，不到五十岁就病故了，身后欠下一大笔债。魏忠贤根本不在乎，继续赌，输得多了，就卖家中的地。到最后，老妈撑不下去了，改嫁给一个姓李的，魏忠贤就是在这个时候，跟着改姓了李。

情况还是没什么改善，穷家终究养不住人，几年后，老婆也改嫁他乡了，剩下五岁的女儿没法养活，卖给了杨六奇家当童养媳。这个杨六奇，不管怎么说，名义上成了魏忠贤的女婿，日后可是大大地沾了光，曾任左都督，虽然只是个军中的虚职，却也荣华富贵了一回。

现在，魏忠贤又成光棍了。一个人的日子，生活成本要低多了，但赌债还是还不清。为此他没少受债主们的追逼和欺辱。据说，他的老妈刘氏，就是被这个不孝之子活活给气死的。

梨树村老魏家，到此是彻底败光了。魏忠贤被一帮追债的恶徒逼得走投无路，离了家，跑到外地以乞讨为生。

一个五大三粗的青壮年，若被命运逼到要以讨饭为生，那么转折点也就快到了。天道轮回，看来大明的天下，当年靠一个乞丐和尚创始，国祚延续了二百多年，也得由一个乞丐来送最后一程。

第六章 潦倒中他把利刃对准了自己

据说，魏忠贤在胡混的时候，曾找算命先生测过字。他的无赖同伙帮他写了一个字，是个“囚”字。算命先生一看，大惊，说魏忠贤将来富贵不可言：“国内全赖有此人，如无此人，国将空也。”

但是，眼下谁能信？

潦倒到这般地步，魏忠贤也做过深刻反省，想在困局中寻个突破。他把几种可能性摆了摆，几乎全都前景渺茫。种庄稼，一年苦到头，收获无几，且受不了官府、富户催租逼债，这是死路。做买卖呢，一文不名如何投资？名声不好如何借贷？书没读过几页，连小账都算不好，又如何操作？也是死路。当大厨吧，一辈子烟熏火燎。投军吧，人家不要。

外国的俗语说：“富人进天国，比骆驼穿过针眼还要难。”意谓奸商道德有亏，上帝不容。而在明朝末年，这话得反过来说穷人了。

陈胜曾经说过：“今亡亦死，举大计亦死，等死，死国可乎？”

魏忠贤不想死，他想到了一条活路，就是把自己给阉了，当太监。

做这个选择，不容易，因为这是“绝后”，对不起列祖列宗，让人家瞧不起。但是当了太监，就能吃饱饭，而且比当官的还滋润。大明朝的正一品官员，月禄米不过八十七石，而一个宦官的禄米，则可能是其好几倍。若是做到了司礼监太监，一个月拿三五百石不成问题。

不仅富而且贵，明朝的司礼监太监，很容易就能得到蟒衣赏赐。这一领官袍的正面，全身绣龙，与皇帝袍服同。外廷大臣即使位至三公，也是不可能有这样的待遇的。

史载万历初年时，绍兴的儒生朱升，进京去混饭，混到了山穷水尽。一日在市中遇到卜者给他算命，叹曰：“当受刑之后而富贵，且长久。”朱升不信，只当是昏话，笑道：“今非乱世，岂可似英布黥后而王?”归寓所之后反复思之，恍然大悟，遂自宫而投太监张大受名下，进而为司礼监大太监冯保器重，被赐蟒衣玉带，提督英武殿。数年间置下田产无数，里巷传为美谈。

平坦大道不就在眼前！只不过要做点儿牺牲，魏忠贤决定献身。

方向既已明确，下手就要快。不能等朝廷来人招太监的时候，你再去现切那玩意儿，那就迟了，因为手术后得有个把月的恢复适应期。

像魏忠贤这一路的，属于“自宫求进”，一般都是为生活所迫的成年人。这种人敢下这么大决心不容易，一是手术风险大、过程痛苦；二是大家都是尝到过生活乐趣的人了，要永别闺中之乐，就得有壮士断腕的铁石心肠；三是此举还有“切了也白切”

的风险，就是说切了啰唆物，也不等于人家就一定录取你，得一遍一遍去应聘，还得向负责招聘的书办（书记员）行贿。

由于朝廷不是每年都大批招收太监，且录取比例只是十之一二，落选者相当之多。所以从明嘉靖初年起，常年都有一两千名“净了身”的人在京城候着，眼巴巴地等机会。

要是切了以后，始终未能录用又怎么办？那就惨了。不男不女的有辱家门，怎么有脸再回家去见乡亲，只能在皇城周围的寺庙里蹭着住，要着吃。其中，也有一部分流浪到河间、任丘一带去乞讨的。百姓习惯上称他们为“无名白”，或者“太监花子”。

据《万历野获编》的作者沈德符说，他亲眼所见，几十名“无名白”躲在路边破墙后，遇到有骑马的官员或富人路过，就一哄而上，勒住马缰不让走，或乞讨，或强要，要是周围人迹稀少，那就干脆下手抢了。

太监后备军供大于求，这也是长期困扰皇家的一个问题。扰乱治安不说，朝廷面子上也不好看。《大明律》本来是禁止自宫的，太祖洪武帝时规定，对自宫者杖一百，流三千里。弘治皇帝时，更是严厉到颁旨一律处斩。但没饭吃的恐惧和有饭吃的诱惑，要甚于法律的威严，整个明代自宫者从来就没有断绝过。冀北一带是明朝出太监的地方之一，穷人陷入了一种阉割狂热，有老爹把儿子给阉了的，有一家兄弟几个全阉了的，还有一个村里有几百男丁统统阉掉的。

法不责众，皇帝对这个也没办法，明代实际上一直也没有处死自宫者的记录。一般就是动用锦衣卫和五城兵马司往外撵，不许他们滞留京城。最严重的也就是发配边远卫所，充当劳役，一遇大赦，还可以调回北京南苑种菜。

魏忠贤毅然加入了这个大军。他到底是怎么阉了自己的，说法也是五花八门。据《明史》《罪惟录》等权威著作的说法，是他自己动手解决的问题。本来，阉割手术是有专门民间机构的，叫作厂子，就设在紫禁城的西华门外，里面有手术师五六名，统称刀子匠。朝廷不给他们发薪俸，但认可其手术资格，为皇家钦定阉割手术点。

刀子匠靠收手术费为生，每切一个收银六两。因为当了太监的人，将来都有可能既有钱也有势，所以只要有担保，也可以赊账。厂子里设备齐全，条件卫生，整个手术过程很规范。说白了，就是勒住，拍麻了，一刀拿下。

手术程序还很隆重，要送红包——酒一瓶、鸡一只或者猪头一个。双方还要签净身契约，刀子匠当场宣读了契约条文后，还要问受宫者："你是自愿的吗?"答："自愿的。"问："你这下子可是'空前绝后'了，不怨我吧?"答："不怨你。"这才能开始动刀。

估计净身的那一年，魏忠贤能吃上顿饱饭都很难，哪里有银子给刀子匠？同时他又臭名远扬，大概也没人肯为他担保赊账。

怎么办呢？只有自己来。

魏忠贤天资聪明，人又胆大。他没看过阉人，但骟马、劁猪总还见过，照葫芦画瓢，就自己动手干了一家伙。可是，人毕竟异于禽兽，虽然差异并不是太大。在正规的阉人厂子，手术前要用艾蒿水局部消毒，要给患者服用大麻水麻醉，术后还要把新鲜的猪苦胆敷在创口消肿止痛。而后，病人须在不透风的密室内躺一个月，才成为标准的候补太监。

这魏二爷眼下是个要饭的，上述这些措施都落实不了，只能在墙角背风的地方蛮干。此外，技术上可能也有点儿问题，结果失血过多，晕死过去了。幸亏被附近庙里的一个和尚看见，出家人大慈大悲，连忙把他抱进庙里，清创、消毒、包扎。魏忠贤这才保住了一条小命，没发生致命感染。

托菩萨的福，他静养了个把月后，才拖着残躯，告别和尚，又上街乞讨去了。京城那边迟迟没有招聘的动静，这可把待岗的魏忠贤等得好苦，夏宿野外，冬住颓庙，讨饭的足迹遍布肃宁县大地。本地走遍了，又上邻县去讨。

一天，他来到涿州北，住在碧霞元君道观旁边，忍不住进去求了一签。签是个上上签，说他将来能有大贵。不过，他现在手上要是能有半块馒头，也就心满意足了，这鬼话他根本不信，说能有十亩好地，也许还能信！

大话休提，还是来点儿务实的吧。他开口向观里的道士讨要剩饭，但道士们嫌他蓬头垢面、臭气熏天，都懒得理他。内中有个小道士，却不以貌取人，时常偷一些观里的伙食给他充饥。世态炎凉，难得一饭，魏二爷感动得一塌糊涂，直向小道士作揖。

在涿州地面上混了一段时间，魏忠贤动了进京的念头。他小时候就听给朝廷运贡梨的车把式说起过，那不是一般的地方。他想，京师毕竟地广人多，商贾稠密，就是讨饭恐怕也容易些。

说走就走，他一路乞讨，来到了京城永定门脚下。那时候的北京，可说是世界第一大城，雄伟大气。远望前门楼高耸入云，气象昂然，大栅栏一带商旅骆驼成队，那是万方来朝。再往北走，就更不得了啦，大明门一派金碧，不似人间。往那边一遛就是皇城了，天下的中心，望之俨然，心中如噎！只看上这一眼，就感觉没白活一场。

魏忠贤进京之后，人也似乎聪明了许多。他心想，不能消极等待，虽然自己没有知识，但只要脸皮够厚，也能改变命运。从这一天起，他天天在大官的家门口转来转去，巴望着哪个一二品大员能注意到他，赏个差事干干，以后就会有更好的机会。

老话都说是否极泰来，此时已二十二岁的魏忠贤，比最底层的一般叫花子还少了点儿东西，命运曲线可以说跌到了最低谷，是否就该反弹了呢?

果然，这机会让他等到了。

当一个人丧失了全部的资源和机会，没法正常在社会上谋生的时候，他只有两种选择——毁灭或疯狂。年轻时的魏忠贤，是个对自己永不绝望的家伙，他不会选择毁灭。从表面看，他的堕落、破产，以致最终落到太监花子的可悲境地，是一步一步在下降，而实际上，当那狠毒的一刀切下去之后，他就已完成了一个疯狂转身。

他的悲剧根源在于：主客观两方面的原因，把他抛到了社会这个金字塔之外，完全没有了上升之阶。

他也不想靠勤劳转运，只想在这个金字塔的底层找一个缝隙，钻进去，往上爬。一来求得温饱，二则巴望扶摇直上。他的自宫、乞讨、流落进京，看似每况愈下，实质上却是一系列极为理智的选择。他找的就是体制上的一个缝隙。

他牺牲了“色”，是为了“食”，对可能的身份转换抱有极大期待。虽然他少年时无赖、猜忌、阴毒、好谀，是农村中的一个顽劣分子，乡邻皆鄙视，但也可能恰恰就是内廷官僚所需要的一个优秀分子。对此，魏忠贤好像有直觉。

他整日在京城豪门大宅前转悠，这就是一个选择命运的主动行为。果不其然，没有多久，就被一位官员看中，让他到衙门里听差。

巨大的转机，就此到来。

在这里，他的“强记”和“好谀”两大天赋，发挥了作用。交给他的事情办得麻利，上司就很高兴。往往主官对一个跑腿儿的器重，有时会胜过对副手的信任。魏忠贤开始走运了，最低生活保障有了，差事也很体面，最重要的是，有时还能得到一些额外的赏钱。

抚着钱袋里硬邦邦的碎银，他不由心花怒放，想想昔日，那种敝衣褴褛、悬鹑百结、秽气熏人、人皆远之、竟日空腹、居无定所的生涯，已恍如梦寐。

但是且慢！厄运对这个恶棍的折磨，还没有完呢，这点儿磨难，还远不足以把他敲打成“大器”。

魏忠贤此时一到公余时间，又开始了花天酒地。这回没有叔叔的约束了，就放得更开。他本来就善饮，一喝起酒来不免忘形，或仰天长啸，或手舞足蹈，没有一天不尽兴的。

一来二去，不知怎的染上了一身的疡疮。这种病，乃病毒感染，一般是不洁净所致。魏忠贤做了差人，衣服被褥要比讨饭时干净多了，病从何起，是个疑问。估计他本性难移，虽然“工具”没有了，但还是常去嫖娼（他后来当了太监，也有此癖），一马虎，就沾了病毒。

小有得志便猖狂，老天爷恨的可能就是这种人，于是又开始惩罚他。腰包里的碎银如水一般花干净了，两手空空。全身多处溃烂，臭不可闻。

这个样子，谁还敢接近。刚到手的差事，就这么又给丢了。他只好重拾打狗棍去讨饭，但因为形容骇人，有碍市容，一到闹市人家就撵，连讨饭也比过去困难了。转眼又是一个轮回——昼潜僻巷乞食，夜投破寺歇息。

京师居，大不易啊！

魏忠贤再次沦入地狱，但他对自己还是不绝望。

据说有一天，他路过一个村庄，在一座废弃的土地庙里歇息，蜷在桌案下，头枕一个小神像睡去，不一会儿便鼾声如雷。待鸡鸣时，尚在梦中，忽见一白发老人作揖跪告："我是这一方的司土之神，因上公您路过我们这里，我已经侍立通宵，不敢怠慢。唯你头枕的这个小鬼，还请赦免了吧。"魏忠贤惊起，却不见老者，方知是梦。再看外面——鸟声喧林麓，车音载道间。天将曙矣。

魏忠贤不禁欣然有喜色。心想，既然能惊动鬼神，莫非真有后福？

不久后，他路过一家饭馆，嗅到门内异香扑鼻，脚一软，徘徊不能再走。便在门边守候，期待有善心之人能给一点儿施舍。但世上人的友善，多是对着权势者来的，施舍一个叫花子，又有何用？进出的人都对他疾言呵斥，避之唯恐不及。

魏忠贤干乞讨这一行，已堪称资深。对此他置若罔闻，坚持守在门口，不信东风唤不回。

最后总算等来了一位贵人。一位相面先生注意到了他，走上前来，将他仔细端详了一回，抚其背说："君过五十，富贵极矣!"魏忠贤不信，只当他是说笑话。相面先生随后找来店主，嘱店主赏魏忠贤一碗饭吃。

势利老板瞄了一眼门口的太监花子，一脸的不屑，对相面先生说："你若想做好做歹，便自己赏他饭吃，与我何干？为何你做好人，反倒要我出血？"

相面先生微微一叹（你就开一辈子小饭馆吧），遂从自己怀里，摸出一只紫色锦囊，递给魏忠贤说："我这里仅有二两银，送给你，你可半做药石之费，半做饭伙之资。钱若用尽，改日再来找我，我再给你。"

魏忠贤疑似做梦，满面惊喜，对那先生千恩万谢。两人约好了下次见面的时间地点，就分了手。

那时的医药费并不甚贵，魏忠贤只用一两银子，就在药铺配好了特效药。十几日过去，严重的疡疮居然就好了。

有了饭吃，病也好了，魏忠贤养得红光满面，与过去判若两人。再见到那位相士，相士大喜道："你这番是脱胎换骨了!"魏忠贤听了，感激得以头抢地。

两人一同来到郊外，相士把挂在手杖上的铜钱，尽都拿来买了酒菜，说要找个安静屋子。魏忠贤恍然有所悟，便引相士来到他此前住过的破土地庙，把燃香、酒水摆在神案上。

相士说："今日与你结为死友，他日慎勿相忘。"

魏忠贤不觉泪流满面："今日我这残生，是先生所赐，说是异姓骨肉都不够，您就是我的再生父母。他日苟富贵，一切听先生吩咐。假若相忘，天打五雷轰!”两人遂对着神像，八拜而结盟。

相士倾囊中所有，全部赠给了魏忠贤，说：“我现在要出门远游，不知再相见又是何年了。你自此，当否极泰来，将有贵人相助。这是我原来备下的十年游历之资，今天全都给你。唯要嘱咐你的，是务必以尊名里的‘忠’字为念，可保善终，请永以我言铭记于心。”

两人再拜而别。相士随后即飘然而去，并不告诉魏忠贤他要去哪里。魏忠贤也没有告诉相士，他那一晚梦到土地神的事。

第七章 皇宫绝非天堂

然而相面先生终究还是没看透魏忠贤。这个仪表不俗的魏二爷，终非池中之物是有可能的，但流氓哪里就能立地成佛？相面先生前脚一走，魏二爷后脚就又下赌场、逛青楼，不知凡间有什么愁事，直把那千金散尽。

这次他吸取了教训，没钱也不去讨饭了。好机会就像水资源，要找水，得到水库去找。官宦人家、豪门权贵，才是社会资源的水库。他们把水都憋住了，你不去套近乎，他凭什么给你活命的水？

这一次，他选择了去给大户人家帮工挑水，趁机施展公关手腕。他素来能说会道，又有豪爽之风，很容易就跟一批豪门的家仆打得火热。等火候到了，他就央求人家：把我给你们家主人推荐推荐，成吗？

由于这次方向选得准，很快就见了效，有人推荐他到司礼监秉笔太监孙暹（xiān）家中，去当佣工。

茫茫人海中，谁是救星？这次，真就让他给蒙对了。

孙暹是谁？在万历朝的中期，这个名字，在内廷外廷都是如雷贯耳的。他的职务，不光是秉笔代皇上批文件，同时还提督东厂，是当时最大的特务头子。秉笔太监一般在内廷有好几个，倒也不稀奇，但是秉笔太监再兼提督东厂，那就是内廷的第二个爷。文武百官、皇亲国戚，全在他监视之下，只比司礼监掌印太监低半格。这在全明朝，也是数一数二的“大水库”。

人要想走向上流，那就得有一个支点。找不到这个支点，等于瞎忙。

土地庙里的梦，好像是有点灵啊！

魏忠贤这回总算找对了门儿。虽然还是做苦力，但是成了“上头有人”的人了。他知道时不我待，再混的话就要完蛋了，于是格外卖力。这段日子，是他一生中仅有的几个月劳动生涯。

他机灵乖巧，善辨颜色，干活肯下死力，很快就受到孙公公的赏识。

在万历十七年（1589）这年，孙暹一高兴，把他推荐进宫当了“小火者”。

小火者是什么呢？就是宫中的杂役，职务范围是看门、打扫卫生、挑水、劈柴、跑腿儿，这是宦官金字塔中的最底层。

尽管身份还是劳役人员，但毕竟进了紫禁城。这说明，并没有白遭罪，失了那个物儿，但物有所值——天底下有多少人能离奉天殿的龙椅这么近？魏忠贤狂喜，眼睛都不够用了。踩踩脚下，是中轴线的青砖；看看三大殿，四周环绕着红墙。

魏忠贤知道：支点已经蹬住了，今后就看怎么爬了。他不能就这么摧眉折腰，事一辈子权贵，他就要在这儿翻身！

于是，宫里的事，他便比较留心，多看、多听、多打听。比方，老规矩是如何，人际关系是怎样，皇上有几个娘娘，老公公里谁权大谁权小……日子一长，都明白了个七七八八。

按照现代人的想象，这魏二爷到此就算走上坦途了，守在皇帝和娘娘的边上，要往上混，还不容易吗？

非也！须知，紫禁城是皇家禁地、帝国的心脏，近万间房子，太监、宫人有好几万，每天在这儿上下班，操持事务，若规矩不周密、等级不森严，那还不乱了套？所以，内廷这个金字塔，结构相当严谨，运转很有规律。

往上爬？难矣！

魏忠贤高兴了没多久，头脑就清醒了。他此时已经老大不小，宫中的繁文缛节，学起来脑袋都疼。而且一个河间府地痞出身的人，身上有改不了的恶习，动辄就会触犯宫中规矩，受人白眼。这不是个好干的地方啊！所谓的宫规，在何朝何代都是一样的，也就是一张网。魏忠贤觉得，这网把人勒得有点儿太紧了！

宫中的太监，一般都不是吃白饭的，其平均的文化水平，比京城的胡同居民要高得多。很多人是自小就被送进来，在内书堂受过系统教育的，读过四书五经的也有，通晓历朝典故的也有，精熟琴棋书画的也有。你想想，为皇上后妃办事，素质低了怎么能行？

魏忠贤在肃宁县算是新派的，但是一进宫，差距就显出来了。如何品字画，如何鉴宝玉，还有那些浩如烟海的典故，都让魏二爷一头雾水。别人说话，他搭不上茬儿；他说话，一开口就是硬伤。

堂堂魏二爷，在宫里成了笑柄了。人家送他一个外号，叫“魏傻子”。魏忠贤鬼精鬼灵，“傻”是不可能的，这是说他没见过什么世面。

他的岗位，是在御马监，由御马监太监刘吉祥照管。名义上，魏二爷是孙暹大总管名下的人，干的却是扫马圈的粗活儿。一开始他还能夹起尾巴做人，时间长了，本性就尽露。人家别的宦官，业余时间都能看看书、写写字，聊以消遣。他一个文盲，连《三国演义》都品不了，晚上真不知怎么打发才好。

喝酒、赌钱，这两项爱好又让他给捡起来了。偏巧物以类聚，宫中也有两个不成器的，一个叫徐应元，一个叫赵进教，与魏忠贤同属孙暹名下，魏忠贤和他俩渐渐成了酒肉朋友。

徐应元和魏忠贤很有缘分，两人同年，又是同时进的宫。徐是北直隶保定府雄县（今由雄安新区托管）人，也是文盲一个，吃喝嫖赌样样精。他相貌奇丑，性格怪异，高兴时口若悬河，不高兴时张口就骂人。坐没坐相，站没站相，也是个典型的混混儿。但是这家伙后来命好，一度玩大了，可惜被魏忠贤给拖累垮了。不过，这时候还看不出他有什么大出息。

三人行，比一个人胡闹有意思多了。他们一有空，就去饮、赌、嫖。上瘾了以后，连本职的活儿都不顾了，上班只是去点个卯，瞅空子就溜号。如此肆无忌惮地胡来，其他宦官的意见就大了。

三个人这么放肆，心里也是不踏实的。万一哪天露了馅儿，皇上发了火，上司不愿意罩着或者罩不住了，问题就将很严重。

宦官本来就是奴才，小火者更是地位低下，连娘娘养的一只猫都比他们尊贵。宦官就是不犯错，皇上还要拿他们撒气呢，比方走路快了慢了，表情太高兴了或者太丧气了，都得挨一顿毒打。

万历年间，皇帝喜怒无常，把对外臣的廷杖之法，也拿到内廷来责罚宦官。凡是宦官干活儿的地方，都常备有打人的板、杖。皇上一发话，立刻就得开打，即使冤枉了也不能辩解。东厂为了惩罚犯错误的宦官，发明了一种寿字杖，头粗尾细，打在冬瓜上，瓤烂而皮完好，打人也是一样。后来又有革新，杖里灌了铅，打上十几下就能致人死命，先后有好几百名宦官，就死于这种铅杖之下。

在这样压抑的环境里，前途如何？魏忠贤很茫然，为求得精神解脱，他有段时间常上宣武门外柳巷的文殊庵，去拜菩萨。一来二去，认识了庵里的秋月和尚与大谦和尚，经常听他们讲佛理。有时魏忠贤高兴了，也施舍一些钱给和尚。时日一久，便与秋月和尚等人结成至交。

日子这么干耗下去，一晃就是十年过去了。

魏忠贤越干心里越没底，在宫里打杂，还不如在肃宁县胡混来得痛快。自己才三十出头，这一辈子的命运，不是看到底了吗？

就在这时候，他瞄准了一个机会，想着如果抓住，也许能发一笔横财。那时当朝的万历帝，是明末最贪财的一个皇帝，向各地派出了大批太监，充任矿监和税监。这些太监，口含天宪，是皇帝的代表，地方官不仅不能干预，且只有乖乖配合的份儿。

太监们若是正正经经地开矿，合法地征税，倒也罢了。但是这帮爷，出了京城，就没人能管束了，几乎个个都胡来，敲诈勒索无所不为。

要是他们为朝廷征税办差到了这么疯狂的程度，也算是忠臣了。其实大不然，朝廷利益哪能激发出这么大的劲儿来。前面说过，万历年间的矿税收入，十之七八是入了这些太监们的腰包。万历帝可能也知道一些情况，但不会想到有这么严重，也不相信奴才敢把个人利益放在皇家的利益之上。有地方官员向他告状，他也不信。

有皇帝罩着，能公开勒索民财，魏忠贤看好的就是这个路子，机会真是千载难逢啊！

他当然没有资格去做矿税大员，但是，即便是在矿税太监手底下跑腿儿，也强过扫马圈吧！

此时，万历帝得知四川石砫寨，有早年封闭了的银矿，不由得大喜，派了太监邱乘云，去四川任矿税总监。这个邱乘云不是别人，正是孙暹大老爷原先的掌家。在明朝，司礼监太监每人都有自己的一套班子，称为“各家私臣”。这些私臣，各有其衔，分掌其事。掌家，就是一家的主管，下辖管家（管事务及出纳）、上房（管箱柜钥匙）、司房（管文书收发）。这些私臣，可以是阉人，也可以是正常人。

这邱乘云，也不是什么好东西。他是在万历二十七年（1599）去的四川，那时矿税太监外驻，朝廷是不给他们配班子的，因此就只能在京城招些无赖随行。其实这趟差，用无赖正合适，欺负老百姓用好人还真不行。去的石砫寨，是个少数民族地区，朝廷在当地派有宣抚使。邱乘云一到，就让县令贴告示，限令家住矿脉之上的老百姓，一个月内全部拆迁，官府不给任何补偿。

告示一出，一方百姓就坐不住了，这不是要破家吗？众人找到宣抚使马千乘，求他代为说情。那马千乘，是个爱民的好首领，自己拿了五千两银子送上，请求勿骚扰百姓。邱乘云见钱眼开，同意了，不过要求贿银再加一万两，皇帝那儿他自可说妥。

当地官民又凑了一万两银奉上。不料消息在当地有所走漏，邱乘云臭名扬于外。他不由得迁怒于马千乘，便将这一万五千两银派人送往了京城，面呈皇上，并附密奏一道，称："石砫土司马千乘，向奴婢行贿白银一万五千两，阻挠开矿。现将此银献与皇上，听候处置。"万历见了奏报，又怒又喜，对众臣说："上下内外，有哪一个似邱乘云这般忠心的?"于是下诏，将马千乘逮入云安大牢，听候查处。

马千乘的夫人是个女中豪杰，立刻四下里奔波营救。可是万历帝不理政是出了名的，人一关起来，不判也不放。夫人到京师去疏通，刑部里也是衙署空空，无人理政。马千乘在狱中关了三年多，竟然连罪名也无一个。他郁闷百结，难以释怀，最终病殁于云安狱中。

这下，石砫一带民情激愤，人人要反，都想要拿下邱乘云，为好官抵命。邱乘云手下那些开矿的爪牙，也被石砫军民打得抱头鼠窜。邱乘云便诬称石砫土兵已反，呼吁附近的总兵官前来镇压，但镇守将领们都知道内情，谁也不动，只说是矿源早已枯竭了，还是不要激变当地土著为好。

事情捅到万历那里，两种说法互相矛盾。万历帝也不想把事情闹大，既然一万五千两银已经到手，含糊过去也就算了。邱乘云也知道了地头蛇不好惹，只得罢了手，另寻财路。

后来民间有一种说法，说是邱乘云在重庆府衙内，某夜不知被何人取走了他的脑袋，祭奠于马千乘的墓前。他生前所得的赃银六十余万两，也都作为矿税，归了皇家的内库。当然，这不过是个传说，体现了人们的一种情绪而已。

那个好官马千乘的夫人，后来成了明末大名鼎鼎的“剿贼”女英雄，她就是秦良玉。

当时给矿税太监当马仔，是个吃香的差事，好多人挤破头都要去，因为明朝的官僚体制实质就是一个庞大的分肥机制，在中下层要是占了好位置，也能狐假虎威捞一笔。魏忠贤于是向孙暹委婉地提出，要去四川给邱乘云效力。他想，好歹自己和邱乘云同属孙公公名下，况且邱乘云也是从御马监起家的，这也算多了一层渊源关系。去邱公公手下干活儿，他能不照顾一下吗？

孙暹觉得这魏忠贤不怕蜀道难，非要到第一线去，也是蛮有上进心的，就答应了。

魏忠贤大喜，想方设法筹了点儿盘缠就上了路。

四川重庆府离京城五千里不止，魏忠贤风餐露宿，走了两个月，总算走到了。一路上有美梦支撑着，倒也是不怕苦累。

哪知道，他这一去，惹怒了一个人。谁呢？邱乘云在京的掌家，名叫徐贵。这个人的资格比较老，魏忠贤的那点儿臭事他全知道。徐贵见魏忠贤此去，纯粹是准备放手大捞一通的，心里就有气，写信给主子邱乘云告了一状，把这个混蛋小火者的劣迹逐一细数，提醒主子说：这不是个能干事的人。

信是走的驿马快递，比魏忠贤先到达目的地。邱乘云虽然政治品质不好，在四川打击、排陷了许多正直官员，但却是个注重效率的人，不能容忍下级宦官吊儿郎当。于是当魏忠贤兴冲冲迈进邱乘云的监衙时，等着他的是劈头盖脸一顿臭骂。邱乘云骂完了，还不解气，命人将魏忠贤关禁闭，其间还倒吊起来过，三天三夜不给饭吃，准备活活折磨死他。

可怜这位二十年后将令全明朝都震恐的魏二爷，此刻被倒挂了金钟，命悬一线！

然而，龙年出生的魏忠贤，好像注定了不可能就此收场。虽然五十岁前坎坷不止，甚至几乎丢命，但又屡有贵人相助。他本来这次是死定了，眨眼间却又绝处逢生。

原来是那宣武门外的秋月和尚，此时云游到了四川，正路过忠州。那邱乘云也是文殊庵的常客，与秋月和尚是多年老友。秋月走到此地，就特来拜访，正与邱乘云寒暄间，忽听到魏忠贤在禁闭室里杀猪似的喊救命，当下知道是魏忠贤遭了殃。秋月便起了恻隐之心，恳求邱乘云放这浑小子一马。

秋月德高望重，邱乘云只好买这个面子，放了魏忠贤，还给了十两银，让他速回宫去继续扫地。

魏忠贤大难不死，对秋月和尚连连叩首相谢。秋月索性善事做到底，给自己在宫中的老友、太监马谦，写了一封信，嘱咐马谦，务要关照一下这个倒霉鬼。

据说，魏忠贤在临行之前，恳请秋月师父指点迷津："我今日扫地，明日扫地，扫到何时方能出头?"

秋月只是说："扫尽一屋，再扫一屋，或可扫天下。"

这话里面的机锋，不知魏忠贤听懂了多少。他只能唯唯而退，告别了和尚，揣着推荐信打道回府。

这个收信人马谦，又是一个魏忠贤命中的吉星。该人资格极老，早在嘉靖四十一年（1562）就入了宫，历任司礼监写字、内宫监总理、乾清宫管事，现在是伺候皇帝起居的大管家。他朝夕亲睹天颜，容易跟皇帝说上话，因而地位比较显赫。但他为人宽厚，并不因此而跋扈，待朋友很真诚。

秋月和尚是他素所敬重的人，居然来了这么一封信郑重嘱托，他当然要尽力去办。

魏忠贤的命运之舟，颠簸了许久，可能看得都让人心焦了，而现在，好像是——船到了桥头!

马谦果然是厚道人，见到归来的魏忠贤，看了秋月师父的信，没有二话，立刻给了魏二爷一些钱物。然后就四处奔走，要帮魏二爷谋个好差事。明朝人的所谓事业、所谓前程，多半是走通了关系网后，就能一帆风顺，跟本人的素质能力无关。

马公公的一番活动见了效，不管谁吧，都还是要买他账的。魏忠贤很有希望被安排到宫内十大库之一的"甲字库"当差。

不料，这件事又被徐贵大总管知道了，他不想让这个混蛋小子反过手来，就告了一个通天大状，向司礼监大太监王安，汇报了魏忠贤私自出宫嫖娼的事，请王安按宫规给予惩治。王安是个位高权重的大太监，为人正直，万历年间就已是皇长子身边的亲信。这是他头一次处理魏忠贤的问题，以后还有多次。

阴差阳错，王安假如这次要是下了狠手，魏忠贤逃不脱一顿暴打不算，宫里的饭可能也吃不成了。

马谦见事情要出岔子，连忙四处打点，把这事化解掉了。王安公公高抬了一次贵手——他不可能知道，这一次小小的宽恕，后来将给他带来多大的厄运。而且他后来还不止一次地在魏二爷的问题上犯糊涂。

甲字库那边，掌库的太监李宗政也对马谦吐了口：就让那小子来吧。

曙光初临，鸿运当头啊！

没想到，背透了的四川之行，却给魏忠贤开启了一扇通天之门。他终于放下扫把，当起了内库的保管员，开始向太监金字塔的上层攀登了。

甲字库是保管染料、布匹、中草药的部门，里面存放的物料，都是由江南一带“岁供”上来的，内廷各监、司、局（二十四衙门）要是有用到的，就可奏准领取。

这地方看似平常，其实是金字塔下层一个很不错的阶梯。因为只要管物，就有贪污、勒索的机会，皇帝也不可能在这地方安置一个人来监控。有了贪污的可能，就有了结交上层的资本金，路从此就活了。

皇家内库的猫腻，几乎是公开的秘密。大太监得了好处，不会说的。皇帝高高在上，也想了很多办法禁止内库的弊病，但他想不到，宦官为了贪污能聪明到什么程度。《明史》上说：“内府诸库监收者，横索无厌。”就是说，内库保管员的好处，不光能够直接从库里拿，还可以额外索取。

宫里的物品，一般是指定专业商户来提供的，这叫“解户”。解户运送供物来入库，管库宦官可以在质量上卡你，说不合格就不合格，你得另外再去置备，折腾死你。这一项小小的权力，就能变钱——交了钱，就准定让你顺顺当当入库。

明代设立内库，仓库保管员由宦官担任，是一大发明。而这些仓耗子，同时也发明了形形色色的弄钱之道。比较主要的两种，就是铺垫和增耗。

铺垫，始于嘉靖年间，是指内库在接收商人所交的物料时，要求带有相应的包装、垫衬等物。这只不过是个名义，实质是伸手向商人额外要钱。这数目，可不是个小数儿，商人往往承受不起。宦官就把他们锁住拷打，或者捆起来在烈日下暴晒，直到答应行贿为止。有的商人实在交不起，被逼破产、上吊投河的都有。

增耗，这个法子是向地方官学来的，即收东西的时候，要求比原定数量多出一部分，作为抵顶损耗之用。若多收百分之几，倒也不奇怪，但是明代内库的增耗大得惊人，白粮一石，公然加到一点八石才被收下。各项物料，有被迫纳贿四百两银才得以入库的。正德朝时，纳米一百石，要加增耗银六十至九十两。到万历年间，增耗更高达十倍，江南白粮解户，鲜有不破产者。

此外，还有茶果馈仪之类，我们现代人也很熟悉了，那就是喝茶钱。你要是不想给，就把你的东西撕烂、踹碎，或者索性没收，让你完不成任务，拿不到“批回（回执）”，自然有州县官府治你的罪。那时候的仓门内外，往往是富户痛哭欲死，内官把酒相贺。

仓官硕鼠，从来就是这么猖獗。

他们在入库时捞钱，在出库时也是一样。少报多支，不打条冒支，这都是通行的办法——东西拿出去就能换钱。如果贪占的数目过大，账目上实在核销不了，就放把火，烧了仓库，让皇上也查无可查。

现在，你该明白了，魏忠贤是去了个什么样的好地方吧。

人穷志短，现在魏忠贤可不穷了，也有了大志向。从四川回来后，他开了窍。不考虑这是善心人给他解了困，而看到的是马谦位高权大，才给他带来好运。因此他认定，权大就是好办事。人生前三十年，居然没弄明白这道理，蠢啊！

他的为人处世，从这时候起，有了一个非常明显的转折。

魏忠贤从此打定主意，就要瞄准权大的人巴结。他手头上，从仓库贪占来的银子源源不断，不能再赌了，要拿来做政治投资。什么王公公、马公公、邱公公，来日我也没准儿可以成为魏公公！

第八章 他终于靠近了一个准皇帝

魏忠贤开始走上层路线了，用流行的术语来说，就是“跟人”。跟人，也要有术。魏忠贤准备瞄准的目标，须有如下几个特点：一是在要害部门里掌有大权；二是此人要吃阿谀奉承这一套；三是此人要有点儿侠义心肠，肯出手帮忙。

魏忠贤跟定的第一个有权势的人，很巧，跟他一个姓，名叫魏朝。

这个魏朝，上面说的三大要素都具备，特别是第一条。他是王安名下的人，属于东宫系统，先后担任万历时期皇长子常洛和皇孙由校的近侍，后来升了乾清宫管事，兼掌兵杖局，也是个“大珰”。

前面说过，万历帝对皇长子常洛不大待见，而是喜欢郑贵妃的儿子常洵，所以迟迟不立常洛为太子。但是朝臣几十年都在不懈地推动这件事，到后来，凡是头脑清楚的人都能预见到，常洛立为太子只是早晚的事。

因此，王安的这个系统，潜力就非常之大。只要万历爷一驾崩，新皇帝就是常洛。现在常洛的内侍人马，将来就是皇帝的近侍，肯定要成为内廷里最有权势的一系。

魏忠贤选择跟了魏朝，明显就是预先投资，一点儿也不含糊。下了一番功夫之后，魏朝对他果然很满意，两人关系渐密，好到干脆认了同宗，结为兄弟。魏忠贤年纪稍长，为兄，魏朝则为弟，外人呼他俩为“大魏、小魏”。

魏朝果然很仗义，为这个突然冒出来的老兄不吝鼓吹，见人就夸。特别是在顶头上司王安面前，没少为魏忠贤美言。王安这人，《明史·王安传》的评价是“为人刚直而疏”。刚直是不错的，但这个“疏”却要了命。他颇知大局，但就是用人不察，耳朵根子软，对恶人下手不狠。

王安原先处理过魏忠贤违纪的事，对这个魏傻子没什么好印象。但是听亲信魏朝这么一说，便以为魏忠贤真是浪子回头了。

王安按照魏朝的评价观察了一下，果然发现了魏忠贤的一些“优点”：谨慎，机灵，能干。于是，也开始看重这个大器晚成的内库保管员了。

不久，皇孙由校的生母王才人那里，缺了个伙食管理员，魏朝就大力推荐他的“魏哥”去。魏忠贤在肃宁的时候，曾经学过上灶，算是专业对口。一番活动之后，便顺利调过去了。

王才人虽然是皇孙的亲妈，但是在太子常洛那里，地位并不是很高。常洛宠爱的是“西李”李选侍。李选侍的野心颇大，但可惜没生儿子，故而对王才人忌恨甚深，不许王才人与常洛见面，又派宫女监视其行动。王才人的处境，形同被软禁。

看起来，王才人这里是个“冷灶”了，但魏忠贤钻营到这里来，还是有重大意义的。因为这样一来，就可以接触到皇帝的家人了。宫中权力体系的核心，无非就是皇帝和他的老婆、孩子，无论接近了他们中的哪一个，都等于接近了皇权的最关键部分。只要跟对了人，一旦时势变异，一个小小近侍很可能就会一夜间骤贵，大权在握。

魏忠贤有了这个机会，心中暗喜：为王才人办膳，一样有油水可捞。而且伺候了皇孙的妈妈，跟皇长子、皇孙也就有了认识的机会。这两个人，可都是大明未来几十年中最了不起的人物。魏忠贤隐隐感觉到，攀爬的前景是越来越开阔了，所谓进身之阶，已在脚下。

他可以长舒一口气了。进宫十多年来，无所作为，特别是头几年，穷得连老家的亲戚都接济不了。眼睁睁看着自己的侄女、外甥女，被卖给京城大户人家做奴婢，又能怎样？只能恨老天不开眼。

转到王才人这里后，他明白这位置来之不易，便格外勤勉。虽然王才人母子俩正被冷落着，魏忠贤却也不计较烧“冷灶”。他伺候王才人伙食的同时，自然也顺带照料皇孙由校的生活。这个历史的偶然细节，日后对晚明历史的走向居然会产生巨大影响——可当时谁能想到呢？

魏忠贤对这苦命的母子俩忠心耿耿，难道他有预见？当然不可能。当时不要说皇孙，就是皇长子常洛的太子身份尚迟迟不得确立，地位很不稳，都三十多岁的人了，仍然饱受父亲和郑贵妃的冷眼，活得战战兢兢。

常洛身边的太监，大多觉得跟着他发达无望，纷纷以各种借口求去。有几个没走的，也都对常洛不大热心。大冬天的，常洛上课，他们连火都不给生，反而一伙人躲在自己屋子里烤火。奴才之势利眼，可见一斑。

至于皇孙由校，用奴才们的话说："陛下万岁，殿下（常洛）亦万岁，吾辈待小官家（由校）登极，怕要等到黄河清了！"

可见近侍们的绝望。

魏忠贤却不这样，他干得有滋有味。这原因，绝不可以用政治远见来解释。当时有远见的太监，应该跑得越远越好，万一常洛真的被常洵取代了，大家就都白干。魏忠贤这样做源于其性格，《玉镜新谭》的作者朱长祚说他"言辞佞利，目不识丁，性多狡诈"，但也说他"有胆气"，这些评语，归纳得大抵不错。魏忠贤的性格中，也有粗豪和仗义的一面。此时王才人母子俩的地位可怜，他不免心生怜悯，伺候得就越发周到。

闲来无事，魏忠贤还要哄着小皇孙，讲一点儿市井奇闻，品一段平民《三国演义》。魏忠贤年轻时穷得妻离子散，此时大约是把对那个可怜女儿的感情，移到了小皇孙的身上。而皇孙由校这一面，由于李选侍存心不想让他成器，以便将来好控制，竟然不许他读书。父亲常洛因为有身份危机，也顾不上关照孩子。因此，皇家的人伦，可能还抵不上平凡的主仆之谊。

魏忠贤和朱由校，这一长一幼的主仆俩，内心肯定都有一种"移情"现象发生，犹如一对父子。否则，后来文盲皇孙成了天启皇帝之后的一系列事情，就无法合理解释。天启初年，权势一度很大的东林党人，曾经猛攻魏忠贤而无果，就是他们忽略了这一层关系。他们仅以"内臣不得干政"的祖制、以正义与礼法来发难，当然不能奏效。因为在皇权政治的核心，除了原则和赤裸裸的利益之外，还有人之常情在。

可是，正当魏忠贤把“冷灶”烧得起劲儿的时候，这灶忽然倒了！李选侍长期压迫王才人，最后发展到毒打凌辱。王才人郁结于心，想不开，死了。这一年，是万历四十七年（1619），宫里的大变化很快就要到了，可惜她没能等得到。

王才人被殴毙，李选侍如愿以偿，解了心头恨。她自己生不了儿子，就鼓动常洛去跟万历帝说，把由校交给她照看。小皇孙从此就被李选侍控制，这女人，已经想到了将来——先谋求当皇后，进而当皇太后，不控制住皇帝的后嗣怎么能行？

王才人一倒灶，魏忠贤没了着落，只能重返甲字库。但有了这一段经历，令他受益匪浅，不仅熟悉了很有潜质的常洛父子，还搭上了强势人物李选侍的关系，经常为她办一些事。渐渐地，魏忠贤竟然成了李选侍的亲信。

说话间，就来到了万历四十八年（1620）。进了七月，出大事了，万历帝驾崩。这个以懒惰和贪财而闻名的皇帝，带着财物还远远没搜刮够的郁闷，见老祖宗去了。此后的一个月内，政局让人眼花缭乱。大明朝，走马灯似的换开了皇帝。

委屈了好多年，勉强才当上太子的常洛，终于熬到见了天日。可惜的是，他刚想在朝政上有一番作为，却因纵欲过度，登极刚满一个月，就伸了腿儿。

薄命的泰昌帝一死，本来“河清无日”的小皇孙由校，眨眼之间就被推上前台，成了当朝皇帝，是为天启帝。

紫禁城，一个多月内死了俩皇帝，这已经足以让人目瞪口呆。

这一个多月，宫内外各种势力又展开了连环恶斗，爆出了有名的“三大案”。

大明慢慢地走到末路上了，天下虽尚未乱，朝中先乱起来了。乱局中，就该有枭雄出世。可是这枭雄本人，此刻还根本没有这个意识。

日后注定要搅乱大明朝的魏忠贤，这段时间在干什么呢？泰昌帝即位后，外廷有刘一璟、韩爌这样的“正人”入阁，内廷是老成持重的王安主持大局，朝政还算清明，不容魏忠贤有更多的幻想余地。魏忠贤此时最大的理想，大概是盼望什么时候能再掌伙食，与皇帝家人走得近些，多捞上一点儿，以免晚景凄凉。

泰昌帝的忠仆王安，顺理成章地升任了司礼监秉笔太监。王安为人虽然低调，但已权倾内廷，一众太监要想往上爬，就要讨好他。这点儿悟性，对魏忠贤来说，不用教就会，于是此刻就专攻王安。王安常年操劳，体弱多病，魏忠贤就殷勤上门，给他送药，还送好吃的。

经过多年历练，魏二爷的痞子恶习，已经收敛了许多，懂得如何示人以“憨”。王安也是常人，脱不了俗套，分不清这是真效忠还是假惺惺——不到下台，他没法儿分得清。于是心一软，把魏忠贤调入东宫典膳局，专督御厨，当了个头头。

伺候的还是由校，但这是给未来的皇帝打理伙食了，再不是当年的“冷灶”。上到了这个台阶，魏忠贤已经很懂得该怎么表现了。

如果魏忠贤的手段仅止于送东西、溜须拍马，那无非也就是个末流的谄媚之徒。他当然不是，认真考究起来，他这一段的攀爬之术，还是有些过人之处的。

据朱长祚的归纳，这一时期，魏忠贤的手段有三招：

一是狐假虎威。在我国古园林建筑设计上，有一个诀窍叫作“借景”。即园林本身不是很大，但可以借用附近大的背景，以延展其深邃。在政治权术上，也有类似的一套。《玉镜新谭》里说，魏忠贤每天随王安出入宫禁，腰悬牙牌（出入证），身穿锦衣，居然也很像一个大太监。这就是政治身份上的借景，给人一种正在蒸蒸日上、备受宠信的印象。

二是利用“群众舆论”。魏忠贤为了将来攀得高些，在这段时间里，先以小忠小廉示人为入门诀窍，而后讨得所有人欢心。

三是好处切不要自己捞尽。魏忠贤掌了东宫御厨之后，自己很节俭，而厚赠予人，无论大小贵贱，都虚心结好。结果，每做一事，众人都夸赞。

这三招，是魏忠贤攀爬的基本功。他进宫后，为潮流所迫，也学了点儿文化。在内书堂跟着讲读官沈漼（guàn），学了不少道理，运用到实践中，倒也暗合官场三昧。

据说泰昌帝在为太子时，就很欣赏魏忠贤的这一套，所以才命他随侍皇孙由校。魏忠贤受命后，不以皇孙年龄幼冲而马虎，总是小心翼翼。因此，由校对他的喜欢，超过对其他所有宦官，这才有了一段宫廷罕见的“父子情”。

泰昌帝暴死后，昔日的皇孙朱由校骤登大位。按说，魏忠贤的好运就该来了。他没文化，当不了秉笔太监，但做一名其他监、司、局的掌门人，总还是行吧。能当个尚膳司的掌印太监，也许是他此时的最高理想。

但实际上，这一变局对魏忠贤却是极为不利。原因是，尽管他千思万虑地向上爬，却在关键的时刻站错了队。

第九章 一个女人送他上青云

当梃击案、红丸案发生时，魏忠贤还是个微末角色，当时在舞台中心的，是沈一贯、叶向高、方从哲这样的当朝首辅。大人物多的是，排一百名下来，也轮不到他。

但是在移宫案爆发时，魏忠贤的名字（当时还叫李进忠），就开始出现在有关史籍上了，虽然仍是小角色，但一度在移宫案中的作用甚大。只是很不幸，他站错了队，他所跟从的李选侍，在争斗中落了下风，被迫移宫，丧失了控制皇权的资格。

据说，魏忠贤在移宫前几天，就已劝告李选侍还是走了为好。

在李选侍陷入困境之后，她身边的宦官都愤愤不平，却拿不出个主意来，唯有魏忠贤沉着如常。他一方面指责刘一璟、杨涟吃着皇家的俸禄，却辜负皇恩；另一方面，劝李选侍若迫不得已要移宫的话，也须将宫内宝物一同移走。因为这些东西都是先帝喜爱之物，现在天经地义就应该归选侍所有。

魏忠贤还建议，为避外廷耳目，移宝必须秘密进行，且需要一段时间一点点来。对外可称移宫需要做准备，把时间拖得越长越好。

李选侍同意了这一建议，将此事委托给魏忠贤去办。同时命她的心腹刘朝、田诏、王永福、刘逊、卢国相、姚进忠等从旁协助。

魏忠贤这一招，并不完全是为李选侍打算。他是看准了移宫乃势所必然，死扛是毫无意义的。若能说动李选侍移走宫中珍宝，那么他自己便可从中大捞一笔。内廷的小人物，要想捞好处，总会鼓动皇亲做一点儿事，不做事他们也就没有捞财的机会。

李选侍志大才疏，左右又无真正的干才，魏忠贤一撤步，她就完全没有了抵抗能力。初五这天，在内外夹攻之下，这个倔强女人牙一咬，认输了，不等内侍帮忙，就赌气似的自己抱了女儿皇八妹，一面流泪，一面徒步走到哕（huì）鸾宫去了（宫妃的养老处）。

她一走，移宫案大幕就此落下，然而仍有余波未平。就在前几日，魏忠贤策划和指挥的深夜盗宝，因行事不密，被宫中警卫发觉，惹上了大麻烦。

据说在九月初四晚，魏忠贤弄熄了几个路口的宫灯，带人开搬，趁黑也给自己藏了几件。由于摸黑行动，又紧张，有些珍宝失落在地，被人察觉。第二天一早，司礼监就知道了，宫内外也立刻传开，朝议闹得沸沸扬扬。

还有一个说法更为流行，是说魏忠贤与李选侍的心腹内侍刘逊、刘朝、田诏等人，见李选侍仓促移宫，树倒猢狲散，就谁也顾不得主子了，把李选侍留下的首饰、衣服劫掠一空，又趁机盗窃内府财宝。有人因为太贪心了，衣服里装得太多，路过乾清门时，一个跟斗绊倒，被门卫发现。可巧，在这批盗宝的人里，另外有一个也叫“李进忠”的，与当时的魏忠贤同名。

这就是移宫案中的一个附案——诸阉盗宝案。

新即位的朱由校得报大怒，吩咐王安追究，最后是把这批人都抓起来，交到法司去了。唯独魏忠贤见势不好，一人脱逃，躲到了小兄弟魏朝那里。

抓起来的那一批人，在法司里使了钱，倒还没受太大的苦，他们异口同声说魏忠贤是主谋。据此，首辅方从哲等人上奏，要求将魏忠贤正法。

大祸临头了，如何走得脱！站错队的苦果真是难咽啊。

我们且看他是怎么脱罪的。

魏忠贤先是痛哭流涕，表示追悔莫及，恳求魏朝赶紧到王安那里去说情。

魏朝此时还识不破他这拜把哥哥的阴险嘴脸，立马出手救援。亏得魏朝在宫里资历长，脑筋还够灵活，顺嘴胡编了一套瞎话，说参与盗宝的，是李选侍名下的另一个“李进忠”，不是此李进忠。王安本就生性疏阔，视魏朝为心腹，这假话也就把他蒙过去了。加之前一段时间里，魏忠贤常给王安送人参，良好印象还没消失，王安也就高抬了一次手。

暂时喘口气后，魏忠贤又找到平时关系不错的工科给事中李春烨、御史贾继春、刑部尚书黄克缵（zuǎn）等人，啼哭不止，大呼冤枉，求他们帮忙上奏申明。其中李春烨为他用的劲儿最大。如此一番操作，魏忠贤终获解脱。刘朝等人系狱一段时间后，也都花钱打点，大多被赦免了。

因有此事，在魏忠贤崛起后，各正直大臣屡受打压之时，李春烨却能官运亨通，直至当上兵部尚书。

魏忠贤就这样躲过了一劫，但情况也还是很不妙。

他在移宫案中的死硬态度，给新皇帝朱由校和廷臣都留下了极恶劣的印象。因而，在盗宝案中负有的罪责，随时可能被重新提起。

九月初六，太子朱由校登上了皇位，改明年为天启元年(1621)，是为熹宗，后世又称他为天启皇帝。

这位新皇帝在乾清宫坐了大位之后，宫禁肃然，内外宁谧，乱象一扫而空。

对魏忠贤来说，政局清明，可不是什么好事。而这位天启帝，也没忘了几天前蹦得很欢的魏忠贤，在上谕里起码有三次提到“李进忠”。这三件事分别是：为李选侍传话，说奏章要选侍看过才给嗣君看；先帝宾天日受李选侍之命“牵朕衣”；最要命的盗库首犯一事。

更何况，当时在朝中，还有一批日后被称为“东林党”的直臣，各个占据要职。

这么看来，魏忠贤的上进之路，等于完全被堵死了。移宫案，是魏忠贤第一次登上政治舞台演出，不过，他登上的却是一条贼船，上去容易，下来难！

据说为了避祸，他于此时改名叫“魏进忠”，那个曾一度穷凶极恶的“李进忠”，就此在现实中消失了。所有的罪名，就让那个已经不存在的人去背吧。

魏忠贤这一年已经五十二岁，叫他“老魏”，一点儿也不夸张。一个人到了这岁数，如果尚无像样的功名，不要说古代，就是在现代，也已基本歇菜。况且他还得罪了新上任的皇上，有上谕点名痛责，要求以正国法。

但是魏忠贤并不沮丧。刘若愚说他为人素好嬉笑，又说他担当能断。朱长祚说他年轻时狂饮滥赌，“唯闻其叫啸狂跃之声，罕见其悲愁戚郁之态”。看来这个人什么毛病都有，就是没有抑郁症。

转眼来到第二年，是为天启元年。从这一年起，明朝开辟了一个新阶段，这个阶段，延续了整整七年。连魏忠贤自己也绝不可能想到，这个阶段，在后世史家的笔下，竟然要以“魏忠贤时代”来命名了！

转机是怎么发生的呢？

在这里谈什么历史的偶然、必然、规律性等，全是多此一举。当时所有的人都在按理智行动，可是在魏忠贤的面前，出现的却是《西游记》似的魔幻现象——河水退去，大道通天。这，就是他的运气，好得不可思议。

帮助他力挽狂澜的，是一个女人。

《明史》记载：万历末年，有道士歌于市曰：“委鬼当头坐，茄花遍地生。”北人读“客”为“楷”，“茄”又转音，为魏忠贤、客氏之兆。

这就引出了魏忠贤生涯中的一个女人——客氏。

据高阳先生考证，“客”这个姓氏极为罕见，虽然《姓苑》里收有，但历史上绝想不出有过什么名人姓客。高阳先生还很老实地说，“茄”怎么能转音为“客”，他弄不懂，只能照抄《明史》。

其实是，当时京师一带的北方人，习惯上把某些读“客”音的字，读成“怯”。“客氏”在当时的读法，很可能就是“怯氏”。此例在近世也有，比方陈寅恪先生的大名，究竟如何读，至今还有争论。

这个客氏，原名叫客印月。她的身份和职业，从年轻时一直到死，都是奶妈。但这个奶妈，是中国史甚至世界史上的第一奶妈，这么说的根据，我们要在后面讲。

她是天启皇帝小时候的奶妈。不知为什么，天启一直叫她“客巴巴”，于是她同时也以此名传世。这个客奶妈，是北直隶保定府定兴县（今河北省定兴县）老百姓侯二之妻，生有一子叫侯兴国。据史书记载，她是十八岁那年被选入宫的，给朱由校当奶妈。但有今人考证，她入宫时的实际年龄，应该在二十五岁左右。

明代皇城的东安门外，设有“礼仪房”，老百姓俗称“奶子府”，归司礼监管辖，常年养着四十名奶妈以备皇家用。另有八十名注册奶妈，随叫随到。

这个客氏当上朱由校的奶妈，据说很有传奇性。几十名奶妈，小由校在刚出生时谁也不认，喂不了奶。太监们急了，全城去寻，抓着哺乳期的妇女就行。就这样，像大海捞针一般，把客氏给捞了出来。尽管她从未当过奶妈，但小由校就是认她，于是顺利入宫。

客氏入宫两年后，丈夫死了。这个女人，《明鉴》上说她“性淫而狠”，《稗说》上也说她“丰于肌体，性淫”。根据是什么？就是客氏在宫中值勤，偶尔也回家，说是照料孩子，实是与人偷情。

不大正常的是朱由校。按照宫规，皇子六七岁，保姆就要出宫，可是由校大了以后，还是离不开客氏。即便当了皇帝之后，也还是一样，甚至一天不见都不行。估计是亲妈死得早，他在心理上出现了移情代偿现象。

客氏是伺候由校日常生活的，魏忠贤曾经两度伺候由校的伙食，这样一条线，就把魏、客两人牵在了一起。一个“代父”，一个“代母”，再加一个妈死了爹不照顾的小孩，三个人，构成了晚明史上一段非常诡异的三角关系。

好戏或者说悲剧，就从这里开始。

就是这个客氏，不仅为魏忠贤解脱了困境，还把他抬上了政治舞台的中心。

我们首先来看，这位超级奶妈究竟有多牛？

泰昌元年（1620）九月二十一日，天启帝即位刚半个月，就以“保护圣躬”有功为由，加封客氏为“奉圣夫人”，并荫封她的儿子侯国兴为锦衣卫指挥使，又命户部选二十亩好地作为客氏的护坟香火田。言官中对此颇有不同意的，御史王心一当即上疏，抗言此举于理为不顺，于情为失宜。天启接了奏报，竟然一连发下几道谕旨，说明缘由。他对客氏评价道：“亘古今拥祐之勋，有谁足与比者？”

有了这样高得吓人的基调，客氏这个草根出身的大嫂所享受到的一切，可说是俨如嫔妃之礼，而且还要过之。

这年冬，客氏移居乾清宫西二所，天启亲自到场祝贺乔迁。

入座饮宴后，钟鼓司领头的太监亲自扮装演戏。天启喝得高兴，又下令，客氏在宫中出入可坐小轿，还专门拨给数名内侍抬轿。一切礼仪形同嫔妃，就差一顶青纱伞盖而已。

第二年，客氏又奉旨搬到咸安宫住，那阵势就更大了。天启赐给了她内侍崔禄、许国宁等数十人，还有带衔的宫人十多人。再加上跑来"投托"、自愿服务的，仅伺候她起居的下人就有好几百名。在住的地方，夏天要搭起大凉棚防暑，皇帝赐冰不绝；冬天烧大火炕取暖，贮存了木炭无数。

每逢客氏生日，皇帝必到场祝贺，连带着赏赐无数。客氏要用的钱粮，每每派人到有关衙门去催，各衙门感觉比皇帝那里都催得紧。皇帝的饭伙，是客氏亲自主持打理，名曰"老太家宴"。每日三餐等皇帝吃完了，撤下的御宴，全部赏给客氏。于是一天三遍，端盘子的内侍往来不绝。

刘若愚后来在《酌中志》中谈及此事，不禁感叹：不过是一乳媪，却俨然住宫的嫔妃。他还以极为生动的文笔记述了当年盛景：客氏每逢要去宫外的私宅时，都要有太监数十名，红袍玉带，在前面步行引路。轿前轿后，有数百人随行。队伍里各种灯烛多达两三千支。出了宫门后，再换八抬大轿，呼殿之声远在圣驾游幸之上，灯火簇烈，照如白昼，衣服鲜美，俨若神仙，人如流水，马若游龙。天啊，京城的人从来没有见过此等景象！

刘若愚做过秉笔太监，是皇帝身边的人，见过大世面。他尚且如此感叹，可见客氏这位大嫂所享到的荣宠，皇后、皇贵妃皆不能及。

那么，这位客氏究竟有什么能耐，能得到天启这么照顾呢？

要说客氏的发迹，以至后来的干乱朝政，其中有多大的政治企图，在史籍上找不到根据。这位女仆奇特的一生，既是皇权专制所造成，也是皇家特有的人情在起作用。客氏一生的某些行为，倒还真是富于底层人的淳厚特点，到后来，她不过是充分使用了特权而已——富贵之中，有几人能保持清醒？

她入宫伺候朱由校时，由校这边还是一处相当冷清的地方，亲生母亲受窝囊气，父亲朝不保夕。太监们只当这是冷灶，烧不烧也没什么意义。客印月倒还不势利，只要是奶妈该尽的义务，她都一丝不苟。对小皇孙的起居琐事，饥饱寒暖，都能兢兢业业，备尝艰难。

孩子就是孩子，吃了一口奶，就有亲情在。

大明的皇宫里有规矩，皇子皇孙满百日后，头发要剃光，到十多岁时才开始留发。宫里的“篦子房”，就是专管这事的。客氏对由校显然是有感情的，从由校小的时候起，就将他的胎发、疮痂，还有历年的剃发、落齿、指甲，都收集起来，包好，珍藏在小匣子里。

朱由校断奶以后，她干的活儿，实际上就是保姆，直到朱由校当了皇帝，客氏风光十足地住进咸安宫也没变。天不亮，她就赶到乾清宫内，等着皇上睡醒。皇上一醒，就赶紧伺候洗漱更衣。一忙一整天，直到半夜头更时分，才回去休息，天天如此。

这样近二十年下来，她与天启情同母子，当然不奇怪。客氏虽恶，但她与朱由校亲情深厚这一点，却不能否认。

客氏受到了天大的恩宠，就有点儿跋扈。知名的大太监孙暹、王朝辅、刘应坤、李永贞、石元雅、涂文辅等一干人，每天见到她，必叩头问好，行子侄礼。有些资格极老的旧人，如梁栋等人，虽不用叩头，但给她下帖子时，也必须自称“小的”。

她的私宅，在正义街西、席市街北。据说今天北京的丰盛胡同，旧名为“奉圣”，就是因她而得名的。她每次归家，一路都要警戒，百姓们望之惊疑。路人让路时，如有闪避不及，立遭棍棒暴打。她回到自己家中，所有的下人都要依次叩头，口呼：“老祖太太千岁！”喧声响彻胡同首尾。

客氏还常常自居皇上的“八母”之一。哪“八母”呢？泰昌帝皇后郭氏为一；天启帝生母王才人为二；泰昌帝还有个嫔妃刘淑女，是崇祯皇帝的母亲，后来封了太后，为三；有两个李选侍（东李、西李）为四、五；一个赵选侍为六；还有一个姓名不详的“旧贵人”，为七；加上客氏本人，就是“八母”了。

如此作威作福，可见这位女仆已完全变质了。朝臣对此多有不满，接连上疏，要求把她撵出宫去。

由于舆论压力太大，天启元年九月，皇上只得让客氏搬回家去。结果，人走当天，天启就受不了啦，传谕内阁说：客氏今日出宫，朕午膳至晚未进，暮思至晚，痛心不止，乃至思念流涕。

这个样子哪成？连公都办不成了。结果，没几天，便又把客氏召回。吏科给事中侯震旸（yáng）、御史马鸣起等数人，先后上疏谏阻，都被贬官或罚俸。

有意思的是，他们几个都不约而同地提到，客氏如此出而再入，受宠过甚，有不忍言者。也就是，大伙有不好说出口的话。

什么话，不好说出口？

几个人的奏疏，都提到道路流传，讹言纷纷，牵扯到宫内纲纪，内外防闲尽废。这说的是男女暧昧问题。防闲，就是男女之大防也。

这分明是说，天启与客氏有说不清的关系。清代也有人对此言之凿凿，说："道路传谓，上甫出幼，客先邀上隆宠矣。"这里的所谓"出幼"，就是指"贾宝玉初试云雨情"的那种事，说客氏是靠那事得宠的。

《明季北略》中，也提到客氏"年三十，妖艳，熹宗惑之"。

这就是说，是客氏给天启上了最初的性启蒙课，似乎后来也一直不太正常，否则，天启帝登极后，已是一个十七岁的大男孩了，怎会一日不见客氏，就丧魂落魄？这类传言，甚至流入了民间，所以才引起臣子们的忧虑和愤怒。

从客氏的表现来看，也能看出不大对头。

天启元年（1621）四月，皇帝大婚，娶了河南祥符县生员张国纪之女，是为张皇后。张皇后是个好女人，文静端庄，知书达礼，天启对她很满意。这事与客氏本来无关，但这位老阿姨居然醋意大发，对张皇后百般刁难，连吃饭用的盆碗瓢勺都不配给，又对天启嗔怒道："有了新人忘旧人！"天启没办法，只得给她厚赏安慰。

史籍上一般都说，客氏比天启大十八岁，但从后来崇祯年间文件里所记载的倒推，她应该比天启大二十五岁。也就是说，当年这女人已经四十二岁了，如何还能与天启保持姐弟恋，居然把天启"惑"成那样，很不可思议。

在明代，没有人敢把这个话说破。臣子的奏疏只是露骨地旁敲侧击，天启也不是看不出。但是，他发完了火，惩治了上疏的人，也就算了，并没有更进一步以正视听。因此，这是一段说不清的绯闻。

讲到这里，我们大概就明白了：客氏对天启来说，是一种亦母亦情人的关系，很有现代色彩。虽然不大容易被人理解，但存在的就是合理的。由于这层关系，她能够在相当大的程度上影响和左右天启。

邪恶永远与邪恶为友，哪里都一样。客氏这颗灾星，正是魏忠贤得以翻身的一颗福星。

一般人写明史，写到魏忠贤，都是从他这个时候写起。说他勾结客氏，开始有预谋地登上舞台。其实他们两人认识得早了，刚开始时，也不见得就是有目的地勾结。

由于两人都是朱由校的近侍，推断起来，他们互相认识，最迟是在万历四十三年（1615）。因为从那一年起，魏忠贤开始给王才人管伙食。

那时的客氏，还不会像后来那么威风。但随着大殿上的皇帝一个个在换，客氏的行情一步步看涨，魏忠贤是不敢忽视的。

老魏下了大力气，去结好客氏，送东西，请喝酒，都舍得花大钱，据说吃一席要六十个菜，费用多达五百两银。

两人性情相投，关系开始密切。魏忠贤站错了队以后，本来在政治上基本玩完，但是客氏这只看不见的手，就在这时，狠狠地拉拽了他一把。

魏忠贤是当年九月初五，因为错跟李选侍而栽的跟头，差点儿被下死牢。但谁也想不到，到九月二十一日，才过半个月，就在皇上封客氏为“奉圣夫人”的同一道诏书上，赫然有一位“魏进忠”的大名，明明白白写着“赐太监魏进忠世荫”。这道诏书上说，因这个魏进忠侍卫有功，荫封其兄魏钊（即留在老家的魏青蚂螂）为锦衣卫千户。

半个月前，还是盗库首犯的李进忠，现在是侍卫有功的魏进忠了！这堪称史上最成功的换名术——各位，要是你运气不好的话，就赶快改个名吧。

这令人目瞪口呆的转折，还没有完。三个月后，到年末，魏忠贤居然升为司礼监秉笔太监，进入内廷高层了！

明朝的秉笔太监，权重如山，他们是替皇帝批文件的。大臣有奏疏上来，提建议或者汇报情况，要先由内阁首辅替皇帝“票拟”，然后由秉笔太监按皇帝的意思，执笔进行“批红”。有时候，这个批红究竟是皇帝的意思，还是秉笔太监的意思，谁也搞不清楚。

不过，明朝也是有祖制的，要想秉笔，得从司礼监的文书房干起。魏忠贤不仅没有这个资历，而且基本上是个文盲。

一场荒诞剧，就这样开幕了。

在帝国的政治格局中，一颗五十二岁的新星冉冉升起！毋庸置疑，魏忠贤这颗出人意料的明星，就是客氏给抬起来的，除了她谁也办不到。

那么，客氏为什么要帮他这么大的忙？

第十章 太监在宫中也有女朋友

客氏之所以要力挺魏忠贤，有一个重要的原因——因为他们俩是“两口子”，伴侣关系。在古代宫廷中，太监和宫女长期不能过正常家庭生活，生理和心理不免失衡。为了解决这个问题，就流行一种“对食”关系。从字面上看，是男女合伙吃饭的意思，实际上就是临时夫妻。两人虽不能真的过夫妻生活，但意思意思也聊胜于无。

早在汉代，宫里的这种男女互助关系就叫对食。到明代，因宫女常为一个固定的宦官热菜热饭，所以又称女方为“菜户”，也就是临时妻子的意思。单身男浆洗做饭有困难，单身女挑水劈柴乏力气，互相一补充，就协调了，有助于稳定宫内的近侍人员队伍。万历帝原本最恨宫中男女配对儿，曾禁止此类不伦关系，但人之基本需求，哪里禁得住？于是后来他也不管了。

这个客氏，原先是“小魏”——乾清宫管事兼兵杖局掌印太监魏朝的菜户。魏朝是最早伺候并保护朱由校的太监，是真正的“侍卫有功”。由校对魏朝很信任，刚一即位，就给他安排了这两项要职。他和客氏，都是由校的旧人，年纪又相当，可以说是很般配的一对儿。

这样论起来，客氏还是"大魏"魏忠贤的弟妹。可是三来两去，魏忠贤也瞧上了客氏。魏朝升了官以后，忙昏了头，魏忠贤便乘虚而入。不过魏朝一开始并不知情，头上戴了一顶大大的绿帽儿。宫中的其他人知道底细，都等着看笑话。

纸终究是包不住火，魏朝就是再迟钝，也有所察觉。他这下子才明白过来：自己曾经出大力气救下来的这个"魏哥"，原来是个白眼狼！魏朝气不过，便去责骂客氏。可哪里知道，客氏更看好魏忠贤，当场就与魏朝翻了脸，两人闹到高声对骂。

事情公开化了，魏忠贤要有个态度才行。此时的客氏，正是如日中天，魏忠贤掂了掂分量，便一脚蹬了利用价值相对较低的老弟，公开跟客氏结成了对食。

魏朝当然耿耿于怀。就在天启帝即位后几个月，某日晚，时近丙夜（夜间零点左右），魏忠贤和客氏在乾清宫西阁亲热嬉闹。恰巧魏朝路过，听到里面的浪笑，不禁气血上涌——卵虽然没有了，但自尊心还有。他一脚踹开门，揪住了魏忠贤，抡拳就打。

二人你来我往一场恶斗。那魏忠贤年纪虽大，但年轻时骑马射箭都练过，身手要敏捷得多，几拳就把魏朝打了个鼻青脸肿。

魏朝见势不好，一把拽过客氏就跑，魏忠贤跟在后面追。两人醉骂相嚷，一直打到乾清宫外，惊动了已经睡下的天启。司礼监掌印太监卢受、东厂太监邹义、秉笔太监王安以及李实、王体乾、高时明等人，也都被惊醒。

什么人这么大胆？天启穿衣起来，到了殿内，卢受等八名太监侍立两侧，二魏并跪御前听候处分。几个太监知情，就对天启说：“愤争由客氏而起。”

天启一听就明白了，他不但一点儿没生气，没准儿还在心里乐，就态度和蔼地对客氏说：“客奶，只说谁替你管事，我替你断。”

有皇帝愿意做裁判，客氏就大胆地表示了她的选择，选了“大魏”。她早就厌恶魏朝的“佻而疏”，而喜欢魏忠贤的“憨而壮”。

有了这一表态，天启当场就点了鸳鸯谱，让魏忠贤今后专管客氏之事。名义上是让魏忠贤负责有关客氏的事务，实际是皇帝给他俩做了大媒。

魏朝一看自己要彻底出局，心如刀绞，连忙哀求客氏不要太绝情。

王安在一旁看不下去，怒其不争，狠狠打了魏朝几个耳光，勒令他去兵杖局养病，从此调离乾清宫。

谁也想不到，这一件太监的“家务事”，对明末的政局、对当事的几个重要人物的命运，后来都产生了至关重要的影响。

历史有一扇诡异的门，就在此刻悄然敞开了。巨奸大蠹，从此得以登堂入室。几个在场的太监各自回去后，也许心里只是好笑。不过，巨变就从这一夜开始了！

此后，客、魏两人亲密来往，再无避忌。天启对这二人也日益宠信，把宫中的一切庶务都交给二人打理，唯客、魏之言是听。内廷的控制权，于无形之中渐渐易手。

至于客氏究竟看中了魏忠贤什么，对此，后人的猜测颇多。

一个很流行的说法是，魏忠贤当年给自己做的手术很不彻底，“余势未尽”（那个东西没切干净），而客氏又生性好淫，所以她出于性的需要，选中了魏忠贤。

这当然可以聊备一说。明代宦官道德普遍不太高尚，有个别余势未尽的，甚至逼奸民女，最后闹出人命案的也有。但魏忠贤被客氏看中，恐怕不会这么简单。

我相信，客氏首先还是更喜欢魏二爷的性格。客氏是不大守妇道，但是她的所谓性要求，也可以向别人来索取，那个时候已经无人能够约束她了。她之所以选择与魏忠贤对食，是从全面来考虑的。

在有关的史籍上，都特别强调了魏忠贤与魏朝性格上的不同。《明史纪事本末》说的是小魏“儇薄”、大魏“憨猛”。这也许可以看出一点儿身体素质的差异来，但主要说的还是性格和处世之道。看来，魏朝还是吃亏在性格浮躁上了——各位若遇到咋咋呼呼的人跟你过不去，均不用怕。这类浅薄之徒，迟早要败事。

而魏忠贤在入宫前，已有相当丰富的阅历，这与从小长于深宫的宦官们相比，是一大优势。且入宫二十年后，宫里的事情也精通了，能示人以“憨”，就说明这家伙的处世功夫已很了不得。

从更深层一点儿来分析，客氏此时已从默默无闻的冷宫保姆，一跃而为皇帝的代理母亲，自然会从长远考虑，选一个最合适的伙伴帮她统辖内廷，作为她维持隆宠的保障。

客氏是一个女人，地位再高，也不可能亲任司礼监掌门人，因此她选中魏忠贤，等于是选了一个代理人。当然，两人后来的利益高度重合，无所谓代理不代理了，几乎成为一体。

客氏其实并不是个政治人物，她所做的，无非是想固宠。但这女人为此所采取的手段，直接改写了晚明的政治史。

客、魏结成合法的“伉俪”之后，气焰嚣张，与天启一道，形成了一种奇特的三角关系。

两个男人都与客氏有特殊关系，但互相并不吃醋。反而是客氏要吃皇帝的醋，她对皇后和几个妃子都很不好。平常皇帝驾幸哪一宫，要由客氏来安排。在嫔妃中，只有听客氏话的，才能和皇帝睡觉，反之就要受冷遇。

天启信任客、魏两人，是为了图省事，从此端拱于上，像木偶一样不大问事了。客、魏则是开始有计划地排雷，要把内廷变成自己的家。

那时候，王安在内廷是有很大控制权的，但因为多病，不能常见到皇上。本来魏朝在乾清宫管事，是王安一个最好的耳目和看门人。可惜因为风流事，王安不得不把魏朝贬走，等于把门户大开。客、魏趁机控制了乾清宫事务，同时也就控制住了皇上。

天启上台之初的内廷局面，原本还是很清明的，王安有一条很坚固的防线。由于魏朝的不慎和王安的处置失当，就这样给生生撕开了一个口子。

客、魏两人此后的配合很默契，如果两人中有一人有事要出宫，必有另一人在宫中值班，岗位一天都不留空白。等到魏忠贤成了秉笔太监，就可以矫诏了，也就是以自己的意图作为圣旨，等于当了半个皇上。

这个态势，对王安和正直的廷臣来说，已相当危险。

泰昌元年（1620）十二月，魏忠贤对曾经的恩人、现今落败的哥们儿魏朝下狠手了。这是客魏联盟出手拔掉的第一颗钉子。

魏忠贤矫诏，将魏朝发配到凤阳守皇陵，把他赶出了京师。魏朝行至途中，知道前途不妙，便逃走了，窜入蓟北山中的寺庙里。后来被当地差役抓住，在魏忠贤授意下，就在献县（今属河北沧州）牢狱中把他给缢杀——活活勒死。

这个魏朝，死得太冤，自己引狼入室，结果赔了夫人又赔命。三个月前，李选侍垮台时，他要是不管魏忠贤的事，被勒死的恐怕就是魏忠贤了。

当年魏党的重要成员之一刘若愚，后来忆及魏朝之死，也无法释怀。他认为，魏朝对天启幼年时的呵护，居功至伟。在天启处理二魏纠纷时，魏朝的地位，还远在魏忠贤之上。他感叹，天启何至于糊涂或者忘恩到如此地步！

天启的“昏”，从这件事上，开始显露，后来就越发不可收拾。护卫有功的，任其败死，而对于魏忠贤，当年移宫之是非、选侍之恩怨，忽然尽反其往日态度。著名明清史学者孟森先生认为，大明出了这样的皇帝，是“天亡之兆”，天启纯粹是朱家的一个“至愚极不肖之子孙”（《明史讲义》）。

魏朝败死，这只是倒下的第一个多米诺骨牌。接下来，客魏联盟扫荡内廷的第二个目标，竟然是天启即位后，宫内最有权势的大太监王安。

说起王安，这是客、魏二人的老主子了。王安是泰昌帝当太子时的伴读，泰昌帝一即位，王安马上就被升为秉笔太监，深受信任。在移宫案发生时，又是他出大力遏制李选侍的阴谋，护卫天启有功。

客、魏二人早年却是伺候幼年天启的，从东宫系统上来说就已是王安的下属了。客、魏二人在勾结之初，曾经分析过内廷的人事，觉得王安是最具潜力的领导。于是商定，一定要讨好王安。魏忠贤送给王安的人参，还是天启赐给客氏的，魏忠贤每次都拿出一部分来，送给王安，还特别强调说："天赐富贵，小的我叩献公公，做汤用。"

那时候，魏忠贤对王安毕恭毕敬。每次见王安，必撩衣叩头。王安不叫不到，不问不答，极为恭顺。

王安是个正直的人，但就是有一点小毛病：喜欢奉承、不识人。魏忠贤之所以能一步步靠近中枢，魏朝的作用只是美言，而起实质作用的，还是王安。尤其在盗宝案的处理上，王安更是救过魏忠贤一命。

这样一位"恩公"，怎么会成了魏忠贤要灭掉的人？

这是因为客魏联盟定型后，权势陡增，已经能和王安抗衡，他们再也用不着王安这棵大树遮阴了。相反，王安由于太正直，反倒成为他们的眼中钉。客、魏这种小人，本能地意识到：要想在内廷随心所欲，有王安在就不大可能。

偏巧在这时，王安对客、魏不仅构成了潜在威胁，而且也有了正面的冲突。泰昌元年十一月，王安见魏忠贤侵权日甚，就奏报天启，要求严惩这个无赖。

恰在此时，御史方震孺、刘兰、毕佐周等人，也接连上疏，要求逐客氏出宫。天启被逼不过，表现出了最后的一点儿清醒，答应在先帝大葬以后，就让客氏出宫，并将魏忠贤交给王安鞫（jū）问。

这是一个千载难逢的机会！

鞫问，就是审问，不老实的话可以用刑。魏忠贤在得势后，本性已露，王安应该有所警觉。可惜这次王安又是心太软，盘问一番后，令其改过自新，就把这家伙给放了。

高阳先生在《明朝的皇帝》一书中，提到此事时万分愤慨："正人君子当以权力伸直道时，以一念之私而有不忍之心，此最不可恕。"他埋怨王安这次纵容，是"误己而又误国"，以至于对王安的评价也不高。

高阳先生还假设，王安这时若下狠心杀了魏忠贤，则群阉丧胆，客氏也等于断了一条臂膀，毫无疑问明朝的历史又是一个写法。

高先生此论，固然有一定道理，但当时的情势，恐怕还没到足以令王安起杀心的时候。而且王安虽然是个刚直之人，却不是一个铁腕之人。魏忠贤冷血，不能要求王安也同样冷血。有时候，是非善恶的区别，就在于人性上的这一点儿区别。

总之这事情，确实令人扼腕。王安又放了魏忠贤一马（人参之作用大矣），魏忠贤却不领情，反而与王安结怨。王安就是从这时候起，成了客、魏必欲除去的第二颗钉子。

只能叹，世上好人难做！

王安是个宁静的人，深居简出，嗜书如命。在这个关头，他还不知道，一场灭顶之灾就要发生在眼前！

第十一章 内廷的一棵老树被他挖倒

据说，早在隆、万年间，京师街头就流行过一句“八千女鬼乱京畿”的谶语。这一令人惊悚的预言，在天启元年（1621），变成了压在人们头顶的漫天阴云。

形势开始变得险恶起来。

这年的五月，司礼监掌印太监卢受被罢，天启下诏让王安接替。这个任命，应说是相当明智的。王安本人淡于名利，泰昌帝即位后，所有以前因伺候了常洛而有一点儿政治资本的内侍，都在营求美差，但是王安只以秉笔太监兼掌了巾帽局的事务，名义上并不是太监里的一把手。泰昌帝体谅王安多病，准他可以不必在御前伺候，凡是秉笔太监该看的文件，都由专人送给他看。

王安的身体，现在坏到了什么程度？很严重。他出门行走无力，需要有人搀扶。说话也是有气无力，十步以外人家就听不清。天启的任命诏书下达时，他正在称病静养，照例上了一道辞谢疏，内有臣愿领罪不领官之语。一般来说，这都是例行公事，等皇上再下一诏敦请，做臣下的才可以勉为其难地接受，免得人家说

“太热衷”。可是，在这个极其微妙的时刻，这一套宫廷虚礼，误了大事！

司礼监的另一个秉笔太监王体乾，非常想当这个掌印太监，跑去找客氏和魏忠贤。

三个人嘀嘀咕咕，达成了一笔交易。由客、魏想办法，搞掉王安，在司礼监把王体乾扶正。但是将来王体乾这个一把手，要听秉笔太监魏忠贤的招呼。王体乾权衡了一番，同意了。

这个王体乾，是个利欲之徒，可惜王安也没把他看透，反而把他视为可信赖的朋友。

就这样，密室之内，三个龌龊小人商定了人事大计，要扳倒一棵曾经庇荫过他们的大树。

——恩还未断，义就绝了。看来，人心如果恶了，根本不是教化能教好的。

那时候，魏忠贤在内廷势力已渐大，外廷有个别官员看好他的潜力，已开始投靠了。给事中霍维华，就是其中一个。

此次，投靠者先递了投名状。按照魏忠贤的意思，霍维华上疏，弹劾王安心口不一，说王安本心是想得到这个职务的，却为何要假惺惺地推辞？如果真的是病了，又为何有精神到西山去游玩？

这本来是无事生非，可是脑子不转筋的天启，居然就迷糊了。客氏看好时机，在他耳旁吹风，说王安也确实是病得不能担大任，让他歇了算了。

不知天启是真不明白官场的老规矩呢，还是他体恤王安不易，居然就采纳了客氏的建议。王安还在傻傻地等，却没能等到第二次任命。这掌印太监的帽子，天启考虑不妨就给王体乾戴上算了。

棋路按着客、魏的布局在走，刚刚移动的这一小步，就彻底搞垮了大明的一座长城。

如果王安不是这样低调，而是高调抢进，抓住这顶帽子不放，那么，天启身边有能够主持正义的张皇后，外廷有刘一璟、韩爌、孙如游，以及即将到京入阁的叶向高等大臣，内廷有王安一手掌控，几股势力加起来，足以把客魏联盟压制住。

可惜，正义占上风，只能是在一个漫长的历史轮回中才能实现。很多时候，在一个个局部，往往都是正不压邪。这是什么道理？说不清。也许这就是人性，任你有多少制度也挡不住。

这件事情，到此还没完。王安尽管没能获得最高职务，但他人还在，还长着一双明眼。客氏在考虑这问题时，要更彻底一些，那就是，杀人必须头点地，否则就不杀。

她向魏忠贤提出，只要王安活着，终究是个危险人物，必须把他搞死！

魏忠贤这时候还未丧尽天良，毕竟没忘几个月前王安的救命之恩。要老主子的命，这心得有多狠！他还在犹豫，一时没有什么表示。

但是王体乾却坐不住了，他知道：不干掉王安，这顶帽子就迟迟戴不到自己头上。

什么叫宫廷政治？就是狠心学！谁狠，谁赢。

王体乾已经看准了客、魏内心的微妙区别，就编了一套瞎话去说服客氏，连吓带忽悠，把客氏听得心惊，当下决定：一定要催促魏忠贤早下手！

在宫中，彩凤门内有一间直房（办公室），客、魏每天在宫中都要在这里相见。这日，屏去左右宫女后，客氏一脸严肃，说起了王安："外廷若是有人救他，圣上一回心，你我谁能比得上李选侍？最终还不是要吃他的算计！"

她这样一说，魏忠贤才警觉起来，决意要杀掉王安。

这年七月，趁着有霍维华弹劾王安的奏疏，魏忠贤又发动盗库诸阉中的刘朝、田诏等人上疏，为盗宝案辩冤。天启不管这些事，魏忠贤便矫诏，革除了王安的大小职务，发配到南海子（今北京南苑）做最低等的"净军"，看守围墙和附近商铺。

王安一走，王体乾果然升了司礼监掌印太监。

朝中有人好做官，这绝对不假。魏忠贤刚一控制任免权，马上就提升自己的心腹梁栋、诸栋、史宾、裴升、张文元，统统升为秉笔太监。这些人，足够帮他打理内廷所有的事务，包括帮他这个文盲批红。

王安贬到南海子后，开始还有一批忠心旧属跟着，能照顾一下起居。

可魏忠贤并不是让王安去养老的，他授意南海子的提督太监宋晋，找个机会做掉王安！那宋晋是个长者，心地善良，哪里下得了手？魏忠贤见说了几次没动静，就干脆撤了宋晋，把盗宝案中被王安整肃过的刘朝，调到南海子去管事。

这刘朝，原是典兵局的太监，后投到李选侍名下为心腹，在盗宝案中被王安修理得够呛。同案中有几个人运气不好，已经被处死，刘朝、田诏等几个人侥幸脱罪，他们当然对王安恨之入骨。

小人复仇，那是要挖地三尺的！魏忠贤想看到的，就是这一幕。

刘朝到任后，果然凶恶。他先是遣散了王安的随从，禁止王安和家人联系。三朝老宦，立刻落入了十八层地狱。

刘朝故意罚王安做苦工，今日遣他去某园劳动，明日遣他去某店铺干活，又不给饭吃，就想活活折磨死他。

可怜三朝老臣，饥饿难耐。附近村民有看不过去的，偷偷送他一块糕、一张饼，但一旦被监视者发现，就是一顿呵斥。

王安挺不住，偷着拔了篱笆下的萝卜，藏在袖里，晚上拿出来狼吞虎咽。

如此，又是数日不死。

刘朝为了向客、魏表功，等不及了。九月二十四日，授意手下将王安勒死。此外还有两种说法，就是放狗咬死和“扑杀”。扑杀，是用麻袋盛土，活活压死。《玉镜新谭》上说：王安死后身首异地，肉喂狗。真是何其惨毒！

大树扳倒了，枝枝蔓蔓也一并清除。王安名下的一干太监，惠进皋、曹化淳、王裕民、杨公春等，也受到株连，个个挨了一顿酷刑后，被发配到南京鼓楼打更。还有王安手下的管事、文书等一干人，则尽数被害死。

这时候的天启，究竟知不知道王安的下落呢？据后人分析，天启虽然糊涂，但断然不能同意将王安贬至南海子。估计他是没工夫过问这位老内臣，就是偶尔问起，魏忠贤大概也以“病故”搪塞了过去。

大树倒了，竟然倒得无声无息。

王安这一死，魏忠贤眼睛猛地一亮：客巴巴的见识，绝非女流，内廷这不是全部摆平了嘛！

有怨报怨，有仇报仇，扬眉吐气的日子到了。

魏忠贤是个苦出身，发迹之前，没少受折辱。这些老账，今天全都要清理。那个在他去四川的时候告了他一状的徐贵，被他找了个名目害死。

据说，当年在四川把他倒吊起来的矿税总监邱乘云，也是他搞死的。天启元年（1621）撤销全国矿税，邱乘云此时也回了京。魏忠贤已是秉笔太监，特地派了一个外司房太监李茂春去南郊迎接，邱乘云高兴，顺手赏了李茂春三十两银。

魏忠贤听说之后，禁不住流泪："当年我被徐贵坑害，他仅仅送我十两路费！现在这么随便一赏，就是给我的三倍了！"说罢，叹息不止。

时过不久，邱乘云也死在了魏公公的手里。

自此之后，魏忠贤一帆风顺。天启元年（1621）十二月，又兼了惜薪司（负责宫中柴炭）、供用库（负责宦官食米）、尚膳监（负责御膳、宫内伙食）的掌印太监。此外，还掌管了皇店"宝和店"。

到天启三年（1623）末，又兼管了东厂，这下更是气焰万丈。在衙署内挂匾，上书"朝廷心腹"。皇帝又赐密封章一枚，令他有事上奏可盖此印加密，恩宠到了无以复加的程度。

在他身边，也很快培植起一批强悍的爪牙来。如王体乾、李永贞、石元雅、徐文辅等，皆是死心塌地之徒。

魏忠贤虽是个睁眼瞎，但记忆力极好，他掌管国家的中枢政务，居然也有独特的一套。文件他看不了，有王体乾等五人，每天替他批答。这伙人，一大清早就起来上班，批完奏疏和内阁拟票后，由王、李、石三人轮流念给魏忠贤听，王体乾主要负责讲解。魏忠贤听完以后，有什么想法，再与几个人商议。

等到皇帝早晨起来上班，还是那几个人念给皇帝听，凡是需要改动、批驳的，他们早就在奏折上掐了指甲印。念完后，由王体乾提出建议，某处应如何改，某人应如何处分。

天启略作考虑，就亲自提笔修改。魏忠贤则根据记忆，对不同的上疏人，或褒或贬，添油加醋，以左右皇帝的情绪。

即便如此，魏忠贤还是担心会有遗漏，每天晚上夜宴结束后，都要专门到客氏的直房去，两人密商，检查白天各项处理是否妥当。

这么一搞，每天在向皇帝汇报时，王体乾便不假思索，随口能答出“某票可以”“某票应改”，居然也井井有条。

他们这是创建了一个类似内阁的机制，开始了宦官专权。为了专权，也不怕累，数年如一日，绝无疏漏。外廷的大臣们对这批阉党发起的任何攻势，都会在这里消解于无。

但魏忠贤又确实是一个文盲在治国，这并不是夸张。按例，天启即位后，为了避皇帝的“名讳”，各衙门的印章上凡是有“由”“校”两字的，都要改铸。而东厂有一方大印，有犯讳的字竟然四年了也没改，外人也不敢指出。后来刘若愚发现，报告给魏忠贤。这位魏公公听了，怔了怔：“真字（楷体）我尚不识，这印上的篆字怎能识得?”

然而这样的事，并不影响他牢牢把持朝政。

大明朝注定有此一劫——魏忠贤这架绞肉机，到此时，才不过是刚刚转动起来。

魏忠贤的得势，我们看到现在，大致可以看明白了。总结起来，就是两条：一是运气好，二是策略对。

策略方面，前面已经讲到一部分。无论是客魏联盟还是那个“宦竖内阁”，在应付政敌方面，谋划都相当严谨。先打哪个，后打哪个，对方的软肋在哪里，一清二楚，出手的步骤也是经过协调的。尤其是客氏，虽为女流，但记忆力又超越魏忠贤之上，所出计谋，滴水不漏。

甚至当今有史家认为，魏忠贤在史上留有如此之大的恶名，但客氏却不为人知，是不公平的。

相比之下，他们的对手虽然很强大，但整体上失于粗疏，似乎没有意识到这是一场赌命的搏斗。史载王安“器宇严毅，鹤立昂霄”，读书极博，性极为骨鲠，有大臣风。这是一个中国古代罕见的好太监，可是这些优点，并不能保证他的胜利。在政治斗争中，疏忽、超然与过分的宽容，都是他的致命弱点。

移宫案发生后，他与外廷的联系似乎也不十分紧密了，未能形成内外联手的一个遏制机制。结果，身为两代皇帝之辅，却首先被击溃。

王安冤死后，尽管有熊廷弼、邹元标、杨涟等人为之泪流不止，但已于事无补。朝中有过一些议论，也被天启的一个禁令给压住了：“王安处分已久，外廷章奏不得牵入。”

外廷对一个内侍高官的援救，固然有一定难度，但王安毕竟是拥立两代皇帝的功臣，廷臣如果事先有警觉，或在王安被贬后掀起较大舆论，悲剧也可能不至于发生。

另外，运气好也是魏党崛起的一大关键因素，这样说，绝不是宿命论。

他们最好的运气，是碰上了一个没心没肺的孩儿皇帝。

魏忠贤是看着天启从小长大的，知道这小家伙是个什么货色。魏忠贤所拿出的惑主招数，全都是因人而设。

朱由校登极这一年，虚岁才十六，小时候父亲的地位不稳，所以受的教育不足。孟森先生对他有过“至愚至昧”的评语；朱东润先生更是称他为“文盲儿子”，“一字不识、不知国事”。两位学界泰斗的评价，影响至深，以至于在当代很多谈论明史的书籍上，都能看到“天启是文盲”的说法。

这当然是苛论。天启虽是大明十七朝皇帝中最不具治国才能的一个，但说他是文盲，还是冤枉了。他受过一定的教育，特别是登极后，更是接受了比较良好的教育。平时能自己批答奏章、票拟，也能给臣下题扇，这都是有记载的。

不过，他确实没受过严格的储君教育，匆匆忙忙登了位，问题大概就出在这里。他对政事不大动脑子，比如移宫案发生时，他的是非观还是非常清楚的，但案件一过，立刻就倒行逆施，近乎忘恩，所以后来有人指他为“白痴”。

其实，他和他的几个前辈皇帝一样，不过是懒得当皇帝而已。他的兴趣，大部分在于玩木匠活儿。《三朝野记》等书里，说他好盖房屋，自操斧锯凿削，巧匠不能及。在这方面，他大概是确有异才。刘若愚曾绘声绘色地描述天启自造喷泉机械的场面，说那机械出水时，或如喷珠，或如瀑布，操纵自如。水花能托起核桃大的木球，久而不堕。各样奇巧，皆出人意表，魏、客二人就在一旁喝彩赞美。

这个孩子之所以成了木匠神童，有史家说是因他幼年时孤独，自我封闭，常以观看宫中各殿的建筑过程为乐，慢慢就产生了浓厚兴趣。

此外，他还好驰马，好看武戏，完全是个大顽童。

至于祖、父辈的贪财好色等诸般嗜好，他也一样不少。

摊上这个放着皇帝不愿做的毛孩子，真是魏忠贤的福气。魏党这一伙，很快就制定了一整套对付天启的法子，屡试不爽。

魏忠贤看得明白，天启虽说贵为天子，实质不过就是个孩子，要想取得他的绝对信任，就得哄着他高兴。于是魏忠贤经常陪着天启斗鸡走狗、骑马射猎、倡优宴乐，总之就是变着法子玩儿。天启长这么大，恐怕还没这么痛快过呢！人的本性力量，在无束缚的情况下，恐怕是要远远大于责任心。天启一乐，就越来越觉得魏公公会办事，连连夸奖他比王安能干多了。

天启做了皇帝之后，要什么有什么，条件比以前好多了，木匠手艺也随之大有长进。后来又学会了一手油漆活儿，就干得更起劲儿。他在宫里做活，总要脱下龙袍，短衣上阵，甚至光着膀子干。每逢这时，就两眼放光，神采异于平常。

在这种“入境”的状态中，天启有个特点：除了平时亲近的内侍之外，别人不得窥视。

魏忠贤摸到了规律，便充分加以利用。一到这时，就和王体乾把一些重要奏章拿进去，请他看。天启不愿被打搅，直接就说：“你们用心去办，我知道了！”所奏何事，实际上他问也不问。

魏忠贤要的就是这个效果，许多矫诏就是这么搞出来的。天启年间，外廷大臣与魏忠贤斗，往往有理也斗不赢，原因就是双方的政治资源太不对等了。

皇帝喜好玩乐，魏忠贤就撺掇皇帝玩大的，建议在宫内开“内操”，就是在宫中进行军事训练。天启点了头，他就在各处招募亲军，据说人数多达万人，统统拉到宫里去练操。举行内操时，不光是抡刀舞棒，还要放炮发石，金鼓震天。承平时期，皇宫居然没有一天安宁，犹如战时。

天启有个皇二子，生下来没多久就死了，据说就是让炮声给吓死的。

一到此种场合，魏忠贤顿时神采飞扬，穿着蟒衣玉带，乘坐高头大马来往于阵前。百名壮士着红衣、佩牙牌，在前头开路，他身后是千骑锦衣禁军，簇拥跟随。

凡是遇到天启亲自来检阅，魏忠贤都要露一手。他年轻时曾练过骑射，此时功夫仍不减当年，纵马弯弓，箭箭不离靶心。每中一箭，场内都是一片欢声雷动。

这种高级游戏，确实让天启入了迷。有一次在宫内试放火铳（火枪），天启也在近处观看。点火后，火药突然在膛内爆炸，持枪者伤了手，血流满地。四面飞迸的铁片，差点儿伤了天启，但他一点儿也不恼，谈笑如常。

魏忠贤是个无赖出身，对付这样的荒唐皇帝，真是得心应手。他的所为，已经分掌了皇帝的大部分权力，以至出现了人们所称的“并帝”现象，在行政上基本架空了皇帝，在内廷也拥有了一支他的私人武装。

这种情况，在皇权制度下是极为反常的。任何对权力学稍有一点儿常识的皇帝，都绝对不可能容忍，但天启至死也不疑心魏忠贤。

——作恶，也作得有水平啊！

第十二章 皇帝的嫔妃他们也敢整肃

客、魏二人成了皇帝最亲近的人。可是，从道理上说，再亲也比不过皇帝的老婆吧？两人也知道这个道理。为了控制天启，挡住来自任何一方的攻击，他们对皇帝的老婆也开始下手整肃了。

天启对他们的信任，最终超过了对自己大小老婆的信任，这事情说起来不可思议，但这个没心没肺的皇帝，居然就能干得出来。

天启元年（1621），皇帝大婚，在选皇后的问题上，客、魏也下了功夫。他们相中的是跟他们关系很铁的一个妃子，叫宸妃。可是选皇后不是他们分内的事，负责选后的秉笔太监刘克敬、杨舜臣，选中的是河南张氏女子。客、魏当然恼火，多方予以阻挠，但众议却以为可，后来终成事实。张皇后的父亲张国纪，因而由一名生员得封太康伯，成了一号皇亲。

婚后，天启与张皇后倒也有一段关系很不错的蜜月期。但两人性格毕竟相差悬殊，一个持重端庄、淡静知礼，一个是浑小子、垮掉的一代，久而久之，感情也就淡了。

魏忠贤开内操以后，一次，天启想拉张皇后一起玩儿。自己率三百宦官为左阵，旗帜上绘龙；想让张皇后率三百宫女为右阵，旗帜上绘凤。

张皇后到校场一看：这不是胡闹吗？就借口身体不适，坚决不干。天启顿觉下不了台，异常尴尬。待皇后离去后，只好吩咐左右，挑选一位身材高挑的宫女来顶替皇后，但挑来挑去，没有合适的，最后挑出几个宫女一起领头。操练了一阵儿，毕竟皇后不在，天启觉得无味，便草草收场。

这类事多了，天启与张皇后之间，就渐生龃龉，没话可说了。

魏忠贤看到帝后之间有裂隙，心中暗喜，越发起劲地拉着天启胡闹，让张皇后一人独自面壁。又派心腹宫女到坤宁宫管事，以窥视张皇后的一举一动。

张皇后并不是个软弱的人，后人评价她严正骨鲠，爱憎与众人稍有不同，是个很有性格的女子。她对客、魏毫不畏惧。比如，客氏喜欢江南审美趣味，让宫女们都仿江南装束，广袖低髻；张皇后偏就反其道而行之，让坤宁宫宫女全都窄袖高髻，大唱对台戏。

对客、魏二人的诡诈伎俩，张皇后也屡次向天启说起过。但天启哪里听得进去，反而嫌耳根不清静，连后宫都不大去了。

一日，天启来到坤宁宫，见桌上置有一本书，就问："卿读何书？"张皇后朗声答道："《史记》中赵高传也！"暗指魏忠贤是个有可能亡国破家的贼子，天启听了，默然不语。此事被客、魏二人知道，自是将张皇后恨之入骨。

不仅如此，张皇后还曾派人把客氏唤至坤宁宫，当面教训，打算绳之以法。

客、魏忍不了这个，决定扳倒张皇后，以绝后患。这样，既打击了敌手，也能在后宫立威。

关于如何搞垮张皇后，他俩费了不少脑筋。两人觉得，若正面出击，把握可能不大，毕竟国人讲究的是疏不间亲，于是就想出一个损招。

他们买通一名死囚强盗孙止孝，让孙咬定张皇后是自己女儿，而非张国纪亲生。如果天启信了，那么血统有问题的人，岂能做一国之母？张皇后下台也就可以预料了。但是，这个谣言虽然有人愿意承担，也须有个人敢于在朝中公开上奏，把这事捅到皇帝那儿去。

客、魏专横，祸乱天下，这是世人有目共睹的。就算准备攀附他们的恶人，也知道这不过是快乐一时算一时的事儿，绝对长不了。给客、魏当个狗腿子，捞点儿好处，不少人还愿意干；但是诬蔑皇后的血统，显然是弥天大罪，一旦客、魏失势，谁能担保性命无虞？

坏人也有坏人的顾虑。所以，魏忠贤的属下出主意说，一定要找一个岁数大的，能死在魏公公之前的人，这样的人，才会放心大胆去干。

——做坏事，就像欠账到期可以不还吗？在古代，就连恶人也不敢做如是想。

可是，这个人，居然就被他们物色到了。

此人名叫刘志选，浙江慈溪人。他的一生，其人品前后截然不同，殊可玩味。

他与叶向高为进士同年，早年也算是一位直臣。万历年间上疏反对册封郑贵妃，又抗议皇上钳制言路，被贬为外官。后又挨整肃，在例行“大计”（外官考察）中被罢。

他这一去，就是投闲置散三十年。这三十年间不知是吸取了教训，还是受到世态炎凉的刺激，整个变了一个人。

天启元年十月，叶向高被皇帝召回京师，准备入阁。途经杭州时，刘志选此时已是七十老翁了，从家乡赶来，盛情款待旧相识，前后游宴有一个月之久。叶向高当了内阁首辅以后，却不讲情面，只给老刘安排了一个南京工部主事的闲差。

高阳先生说，这个刘志选，大概是三十年赋闲给闲怕了，所以老而复出，穷凶极恶，转身就投靠了魏忠贤。他疯狂弹劾在三大案中坚持正义的王之寀和孙慎行，竟导致王之寀最后死在狱中。

魏忠贤身边，不缺少恶仆，就缺这类没骨气的文官。于是，刘志选得以入京，当了尚宝司少卿（管理皇帝印章的副长官）。老刘有奶便是娘，越发起劲了，在攻击正直大臣时，索性连保举他做官的叶向高也牵进去了。

这样疯狗一样反咬恩主的人，正对魏忠贤的胃口。魏忠贤很快就把老刘提为顺天府府丞（京畿行政副长官兼教育主官），就用他来扳倒皇后。

扳倒皇后的阴谋，是从扳倒皇帝的老丈人开始的。当时有人在宫门贴了一张谤书，指斥魏忠贤要谋反，并列出阉党共七十余人。魏忠贤怀疑此事是张皇后的老爹张国纪干的，大为恼怒。阉党成员邵辅忠、孙杰便出主意，要借此兴大狱，一网打尽朝中主持正义的“东林党”。

邵、孙二人拟了个奏疏，要参皇帝的老丈人，里面就提到张皇后不是张国纪的亲骨肉。

这样的折子，也不是随便什么人就能上的，起码要够资格，要么本身是言官，有风闻举报之责；要么德高望重，足以证明提出的意见有分量。这种顶名义上奏的事，就叫“买参”。

物色到刘志选的时候，老刘也知道这是个有可能掉脑袋的活儿，犹豫起来，不能立刻作出决断，便与家属商量。家属认为，刘老爷子已经七十多岁了，魏忠贤不过才五十八岁，刘死在魏之前是毫无疑问的，只要魏还活着，就能保老爷子无事。所以这个活儿，完全干得。至于将来假如翻了盘子，人死了还怕啥？

利欲之徒，也有他们的逻辑，而且很够务实——死了还怕什么千刀万剐？

以刘志选名义，上的这个弹劾奏疏，指责张国纪图谋霸占宫女韦氏，还借中宫（皇后）之势，屡次干预司法。此外就是最厉害的，说张皇后的身世是丹山之穴、蓝田之种。丹山是出朱砂的，蓝田是出玉石的，两不搭界，暗示张皇后不是张国纪亲生的，而是海寇孙止孝之女。

这一攻击，恶毒之极。张皇后将来若生儿子，按理是皇帝的嫡子，如果皇后之父是强盗的话，那皇子岂不是强盗的外孙了？

好在天启在涉及后妃的问题上，还是有一定原则的。他疑惑了一阵子，最后还是说：“只要身体好，管他什么亲生、过继的。”于是下旨严斥刘志选。

御史游士任、给事中毛士龙等随即上疏，要求追查谣言。刘志选当然不服，勾结御史梁梦环再次上疏，论奏国丈张国纪。两边就此形成对峙，事情越闹越大了。

这是一场乱战，客氏在其中表现得相当嚣张。她在宫里还打起了心理战，扬言要去河南调查张皇后的身世，还声称要重修“内安乐堂”，援引前朝旧例，把张皇后给囚禁起来。她的这些话，都故意让人去说给张皇后听。

客、魏还想到了下一步：搞倒了张皇后，就另立魏良卿的女儿为皇后。这魏良卿是谁？魏忠贤的大哥魏青蚂螂之子，现在已经在掌管锦衣卫南镇抚司（审讯机关）了。

想得美啊！

因此，搞倒张皇后，就不是一个局部的阴谋，而是深思熟虑的一盘大棋。

但由于这种想法太过荒诞，即使在客、魏阵营里，也出现了不同的声音。客氏回老家去探亲时，她的老母亲就劝她不要胡来，万一调查张皇后查不出问题，后果将很难预料。客氏闻听，心里也发虚，自此才有所收敛。

魏忠贤意识到，张皇后是他将来实施“宏图大计”的一个绝大障碍，必欲除之而后快。于是，他又想出一个绝招：私召了一批武士，引入大内，暗藏在便殿附近，然后诱导天启来便殿办公。魏忠贤故做警惕状，带人四处搜索，将几个身带凶器的武士搜出。天启不知是计，大惊失色，下令把刺客交给东厂和锦衣卫审讯。

武士们按照魏忠贤事先与他们定好的口径，诬招是张国纪指使他们欲行弑逆，谋立信王朱由检（即后来的崇祯帝）。

此计可谓一箭双雕，既能彻底搞垮张皇后一家，又把不与他们同流合污的信王牵扯在内。这样一来，可以将与天启有亲缘关系的两大势力一举铲除，消灭最具威胁性的潜在力量。

但这事情策划得太儿戏了，阉党重要人物王体乾得知后，吃了一惊，连忙跑去找魏、客，表示了极大的疑虑。他说：“皇上凡事迷迷糊糊，独于兄弟、夫妇间不薄。万一出了纰漏，吾辈将死无葬身之地!”

魏忠贤想想，觉得王体乾说得有道理，人多嘴杂，难免不泄露天机，于是他急忙下令把几个武士杀掉灭口。可怜那一帮粗人，当初应承来做这蠢事，不过是想图个快速发财，却把脑袋给玩掉了。

针对张皇后的阴谋，就这样持续了好多年。张国纪本人大概也不够检点，因此备受攻击。后来，张皇后为避开魏忠贤的锋芒，只得让天启把父亲打发回原籍。

天启同意了，下诏痛斥张国纪怙恃国恩，为非作歹，念中宫懿亲、国家大体，姑着回原籍，叫他回老家去痛改前非。

王体乾确实没看错，天启就是再糊涂，在原则问题上，也还是护着至亲骨肉和皇后的。此诏虽然把张国纪说成是个恶棍，但却明明白白地肯定，张国纪再坏也是皇后“懿亲”，这个“国家大体”是不可动摇的。

这件事，产生了两个不同的效果：一是魏忠贤对张皇后一家的攻击，终于在皇帝那里碰了壁，未能得逞，只得拖延下去。二是毕竟赶跑了这个碍眼的老国丈，引起天下震动，显示了魏忠贤不可忽视的实力。从此，想依附魏忠贤的人，就再无顾虑了，攀附之徒便前赴后继。

在客、魏的挑拨之下，天启与张皇后的关系，终究还是愈加冷淡。按例，皇后千秋节（生日），对内侍和宫女都应有所赏赐，但天启就不拨给银子。张皇后没办法，只得赏了大家一些银制的豆叶。这东西，平常做赏赐还是可以的，但在千秋节赏人，就有点儿拿不出手。有的内侍嘲笑张皇后太寒酸，天启听到了，也不以为意。而逢到客氏生日，天启不仅亲自到场贺寿，还大赏众人，包括赏赐珍贵的“兜罗绒”（织法来自西域，极为豪华）。

面对冷落，张皇后采取的办法就是忍耐。她知道，有客、魏环伺，轻举妄动不仅不能取胜，还有可能导致不测。她以文雅对抗野蛮，在坤宁宫召集了一批比较聪明的宫女，教她们背诵唐诗宋词。为了打发深宫长夜，张皇后还让宫女们环列，依次背诵，以考勤懒。碰到背得流利的，皇后会开颜一笑：“学生子应该拜谢师傅了！”

闲来无事，张皇后还喜欢用五色绫制作菩萨像，一些信佛的宫女见了，也争相效仿。

这种策略表明，隐忍并不是一种软弱。再怎么搞，也搞不倒，这实际上就是强者！张皇后默默挨了许多岁月。后来客、魏虽然几次想发起总攻，但天启的身体情况越来越不好了，魏忠贤另外还有很多可忧虑的事，就这么延宕了多年，扳倒张皇后的阴谋终于成了泡影。

这个障碍没去掉，对魏忠贤的前途来说，是致命的隐患——张皇后在天启死后，成了魏忠贤在转折关头败亡的一个关键因素。

说到张皇后，在我们印象里，也许会是个半老女人的模样。其实，她在天启年间，才不过是个“高中女生”。天启大婚时，她年纪才十七岁。皇宫里选秀女，女孩大都在十四到十六岁，古代人立世早，这是他们的最佳婚龄。

因此张皇后与客、魏斗智，被卷入帝国矛盾中心的时候，也就是十七八岁的样子。

这样一说，我们对她的胆识，就会有一个相当高的评价了。

嫁入帝王家，真是不易啊！

她一直受到客、魏的监视与迫害。贵为国母，却只能谨慎得像个小媳妇，说来不可思议。

按明朝惯例，皇帝住在乾清宫。宫里有东、西两个殿，天启就住在西边的弘德殿。乾清宫的北边，就是皇后住的坤宁宫，坤宁宫也有东、西两个殿，但是没名儿，就叫东暖殿和西暖殿。

为了往来方便，皇后当然住在西暖殿。

在乾、坤两宫之间，还有一座交泰殿。客氏把她的直房，就设置在交泰殿的西偏房。你看这位置，正夹在乾、坤两宫之间，为的就是监视张皇后与天启的来往。客氏还把自己的心腹太监陈德润，安排为坤宁宫管事，完全把张皇后监控起来了。

天启三年（1623），张皇后怀孕，客、魏大惊。按照他们既定的“务绝皇嗣”方针，决定要对张皇后下狠手，雅称叫作“损元子”。元子，就是嫡子之意，意指皇后生的儿子。明朝一向重视嫡子，在立嗣君时，遵循“有嫡立嫡，无嫡立长”的原则。客、魏要“损元子”，就是要让张皇后流产，不想让张皇后生的嫡子当未来的皇帝。

而且，客、魏是干脆不让皇上有任何儿子，别的宫妃生的也不行。这一决策，据说有他们长远的考虑，但后来，这也成了导致他们迅速覆灭的原因之一，此处先按下不表。

客氏把皇后身边不大听她话的宫女全部换掉，换上了一批还不太懂事的宫女。这等于撤掉了皇后自卫的防线。而后，暗嘱宫人在捻背时，重捻腰间，务必导致流产。这是明代宫里处理宫女意外怀孕的办法。

现代有的书上说，捻背就是捶背。高阳先生则更正说，不是捶背，而是推拿，也就是当今流行的按摩了。

客、魏把张皇后逼到了墙角，但尚未来得及消灭。这件事，可称晚明的大幸。但是“张皇后事件”中有关人物的结局，却颇令人感慨。

在“倒张”风潮中出了死力的刘志选，见诬蔑张皇后也并未遭受处罚，气焰愈盛，又连续攻击杨涟、左光斗等正直人士，深为魏忠贤所重，将他提为右佥都御史提督操江一职。这个位置，官居正四品，名义上是都察院的三把手，而加了提督操江以后，实际是南京都察院的最高首脑，等于清朝的两江总督，负责安徽、江苏两地的江防与监察。

刘志选风光一时，却不料千算万算，魏忠贤却死在了他前头。后来，崇祯帝钦定逆案，刘志选没能跑得了——想“倾摇国母”，这也是吃了豹子胆了！因明朝法律并无“倾摇国母”的罪名，因此就援引“子骂母律”论罪，被逮下狱。他自知不免，上吊而死。这个七十多岁的“子”，为诬蔑二十多岁的“母”，到底未得善终。

魏忠贤倒张皇后未成，迁怒于参与选后的太监刘克敬和负责照管刘克敬的老阉马鉴，将两人贬到凤阳，偷偷缢杀。据《酌中志》记载，两人入殓后，在棺材里复苏，众人都听见棺中急迫有声，但畏惧魏忠贤的气焰，狠下心匆忙埋掉了，真是惨无人道！

后来，天启病重将传位于五弟信王时，张皇后不惧威胁，挫败了魏忠贤篡逆的企图，为权力平稳过渡立下大功，由此赢得世人尊重。崇祯帝尊她为懿安皇后。可惜，李自成大军进京后，玉石俱焚，在崇祯帝的再三催促下，张皇后最后自缢殉国。

对客、魏来说，张皇后确实很难扳倒，但扳倒其他的嫔妃就不在话下了。连续多年，客、魏对后宫的娘娘们，进行了有计划的迫害。分析其目的，似乎是为了钳制后宫之口，因为枕头风往往最厉害。但是从他们的手段来看，如此狠毒，好像又超出了这个目的，像是在有计划地灭绝，所以不排除他俩企图让皇帝永远无后。

头一个遭难的，并非天启的嫔妃，而是已故泰昌帝的遗孀——赵选侍（在泰昌帝生前尚未封号）。赵选侍原是一位受先帝宠爱的宫人，客氏发迹后，她与客氏不睦，因此魏忠贤矫诏将赵选侍赐死。内廷中对赵选侍多有同情的，但高压之下，谁敢说话？

赵选侍知道是客、魏要逼她死，但一个寡妇，如何能扛得过当今皇帝的红人？先帝之灵，是保不了活人的，世态人情中，皇家也一样是人走茶凉的。她只好将先帝所赐的物品陈列于案头，又向西方拜了拜佛祖，痛哭一番，上吊了。

高阳先生觉得这一案件有点儿悬疑，疑问就在于：为何泰昌帝不封，而是天启帝给封的号？这明明于例不符。新帝为先帝所喜欢的宫人封号，一种情况是普遍加恩，一封就是一批；另一种情况是该宫人曾对自己有恩。两种情况，赵选侍都不适合。

由此，高阳先生大胆假设，说是天启喜欢上了这位赵选侍

（也有史书写作“旧贵人”）。客氏是吃醋才逼死了这女人，否则一个在仁寿殿养老的宫人，怎么会碍到客氏的事？所谓先帝所赐之物，其实是天启所赐。而死前向西方下拜，不过是向天启所住的方向叩拜罢了。

高阳先生的话，可聊备一说。

接下来倒霉的是裕妃。裕妃也姓张，她性格刚烈，也很活泼，深受天启宠爱。天启做木匠活儿时，就是这个裕妃在一旁陪着说笑，客、魏则将她视为异己。因为有了孕，天启便封她为妃，这下子招来了杀身大祸。当时裕妃过了预产期而未生，魏忠贤就对天启说，这是得罪了神灵，须让裕妃在宫中祈祷。

天启也就信了。于是魏忠贤又矫诏，将裕妃的宫人、太监尽逐于外，把裕妃一人幽于别宫，绝其饮食。这个所谓的别宫，据说就是宫内的露天夹道。这时候，皇帝小老婆连见皇帝一面都不可能了。熬了几日，正逢天下大雨，她匍匐到屋檐下，接着檐溜水喝了几口，便气绝而亡了。

第三个枉死的是冯贵人。冯贵人天性贞静，也很得天启喜爱，她曾经劝天启不要再开内操了，这当然触犯了客、魏。两人怕她把更多的事情给捅出来，就干脆矫诏将她赐死。

下一个他们要收拾的是李成妃。李成妃之所以得罪客、魏，源于为慧妃说情。慧妃范氏，生皇二子，因此晋升为贵妃。可惜好景不长，皇二子早夭，慧妃跟着也就失宠。后又得罪了客氏，被斥居冷宫。

李成妃与慧妃一向交情甚好，每见慧妃，都要怅惋不止。一次偶然侍寝，她对天启吹了吹枕头风，为慧妃乞怜，同时也为死了的冯贵人鸣不平。

这皇帝床头的私房话，不知怎的也为客、魏侦知。客氏大怒道："此人欲向我用兵吗?"于是便挑拨天启，革了李成妃的封号。而后，客、魏仍用对付裕妃的法子，将李成妃幽于别宫，绝其饮食，要让她也当个饿死鬼。

幸亏李成妃够聪明，以裕妃为前车之鉴，在檐瓦缝隙间遍藏食品。被禁闭以后，就以这些食品充饥。客、魏等了半个月，见人没死，只好将其斥逐为宫人了事。

李成妃断了半个月饮食仍未死，客、魏不疑是有神灵相助，却怀疑是近侍暗送了食物。于是矫诏，将成妃的近侍全部贬至南海子，不分青红皂白一律处死。

还有一位胡贵妃更冤，只因偶然说话不当，误触了客氏，客、魏就记恨在心。趁天启出宫祭天之际，将胡贵妃害死，然后谎称她暴病身亡。天启也是糊涂到家了，小老婆接二连三地死去，他一点儿也不放在心上。

客、魏的辣手催花，在后宫形成了巨大的恐怖气氛。正如《明宫词》所叹："横陈此夕真恩数，明日还愁事又非。"今晚能躺在皇帝床上，是大好事，明天就不知要遭遇什么了。皇帝的宠幸，成了后宫女子们的祸端。

那时宫人们个个胆寒，见了面也只能道路以目——都不敢讲话，彼此看一眼就匆匆离去，唯恐大祸临头。

天启之愚，可以说古今罕有。后来清人评价说，如此迫害宫闱，作威擅杀，即使是明亡动荡时也未有过。晚明以来历朝后宫情形，确实这一段最为可怕。

天启共有过三子二女，子嗣并不算单薄，可是居然没有一个活过了周岁的。皇长子生于天启三年（1623）十月，生下来不久就夭折。皇二子也是同月生的，活的时间稍长，九个月大的时候夭折的，是得惊风症而死。当时有人推测，大概是内操放炮声音太响，给吓死的。

皇三子是天启五年（1625）十月生的，这个小孩有些来历。他的母亲是容妃任氏，貌美而有心计。据说是魏忠贤亲自在京师民间挑选出来，献给天启的。皇三子一出生就被立为太子，可惜也就活了八个月，在王恭厂火药库大爆炸时受惊吓，给吓死了。

据刘若愚说，除了放炮、爆炸吓死的之外，那时宫里养猫甚多，冬天烧火炭也不得法，皇子、公主们还有被群猫齐叫给吓死的，被火炭给熏死的，总之是没一个能养活好。

后人分析，天启的子女寿命之所以不长，都是因为客、魏摧残后宫太甚——大人都担心保不住命，哪还有心思好好伺候孩子。

可是，昏君没有谁认为自己是昏的。天启闹到后继无人，家室不保，明明是魏忠贤惹的祸，他却不断地给魏忠贤加恩，一直加到了吓人的程度。

正直者折翼，卑鄙者高升。凡是这样荒谬大行其道的地方，无论是哪个君，还是哪个朝，也就离死不远了！

客、魏暴虐内宫，把皇帝的几个嫔妃逼得落叶飘零，所存无几。仅有良妃王氏（习称东宫王娘娘）、纯妃段氏（习称西宫段娘娘），也是与张皇后同一拨，由刘克敬选进宫的，均因无子，尚能保住平安。

我们读史，总不免要掺杂一己的好恶在内，希望善有善报。

可惜，历史在局部的地方或在个人的命运上，并非总是善有善报。曾为国家力挽狂澜的天启帝张皇后，在北京城破之日，不得不随着她的小叔子和弟媳自尽，这种结局，真是令人扼腕！

据说，李自成毕竟还有仁心，并不想虐待皇族。得知崇祯帝上吊在煤山，曾叹息道："我来与你共享江山，如何寻此短见？"

当时崇祯帝周皇后的尸体也被抬到东华门，容色如生。李自成见周皇后的全身衣服用线密缝，猜她是为避免死后受辱，便叹息了一回，命人将崇祯和周皇后的尸体搬运到魏国公坊下，发钱二贯，遣太监买柳木棺收殓，两人遗体的头下枕着土块（意为不弃社稷故土），放置在东华门外施茶庵。后又换成较好的红、黑漆棺，派人抬到昌平天寿山皇陵处。

因为崇祯在位时，没有来得及给自己修陵墓，昌平当地士绅自己凑钱，打开早死的田贵妃坟茔，与其合葬。后清军入关，才为崇祯修建了思陵。

至于与他们同一命运的张皇后，最终魂归何处，不得而知。

那个由魏忠贤选来的容妃，据说是魏忠贤的养女。甲申巨变时，农民军逮住了她，她大言道："我天启皇后也。"众将士竟呆住了。

因李自成进京之前有严格军令，不得掠人财物与妇女，否则杀无赦。农民军开初几日军纪还好，因此未敢动容妃一根汗毛。这个女人最后落到清军手中，被当成受优待的皇族。

还有那位在移宫案中骄横不可一世李选侍，就更是命大福大，不仅平安度过了甲申这一关，而且还好好地活到了康熙十三年（1674）。

历史的细节，就是这样让人叹惋！

第十三章 东林党可不是好对付的

魏忠贤在内廷和后宫横行霸道，所遇到的抵抗很微弱。王安虽有威望，但性格疏阔，心肠软，太低调，不似老辣的政治人物，被魏忠贤施以诡计轻松干掉。后宫的娘娘们更是缺乏政治斗争经验，无法招架客、魏这一对恶狼。

但是想要专权，仅仅摆平了宫里边还不够，因为明朝的中枢行政实行的是二元制，皇帝和司礼监掌握着一部分权力，另有一多半的政务，是掌握在外廷大臣手里的。就政务的透明度和君臣制衡机制的有效性来说，明朝要远超过以前各代。因此，魏忠贤必须要在外廷也打开局面。

说到泰昌和天启初年的外廷局面，可以说是最不利于魏忠贤这样的“大珰”胡闹的了，因为那时候有个势力强大的“东林党”。

东林党，这个名字很响亮，与正人君子几乎是同义词。

在这个名头下，聚集着一批赫赫有名的正直廷臣，如顾宪成、高攀龙、钱一本、赵南星、郭正域、叶向高、孙慎行、邹元标、刘一璟、韩爌、周嘉谟、周朝瑞、杨涟、左光斗等。这样的正直之士，朝中只要有一两个，就够魏忠贤喝一壶的了。何况在天启之初，他们盘踞了各路要津，深受泰昌、天启两代皇帝信任，势力正盛。甚至史书上有一个成语，似乎就是专为他们而创制的，叫作“众正盈朝”。

东林党，巍然挺立。看魏忠贤掀起的滔天浪，如何能击垮这一条正义的大堤！

老奸巨猾的阉竖，终于遇到头疼的问题了。

在这里，我们先略为回顾一下东林党的来历。

东林党的得名，源远流长。追溯到最早，是万历三十二年（1604），与顾宪成有关。

顾宪成，字叔时，号泾阳，无锡泾里人。他家境穷苦，老爹是开豆腐店的，但他人穷志不短，自幼以学为乐，万历八年（1580）考取进士。入仕途之后，从户部主事做起，后任吏部文选司郎中，这是个主管官吏迁升、改调的职位。

顾宪成素来直言敢谏，不阿权贵。万历年间，首辅张居正有病不起，举国都设醮坛为之祈祷，官员们都要掏钱。顾宪成独不赞成。别人怕他得罪当道，替他出了钱，把他的名字写在祈祷辞章后面，他得知后，飞马赶去，亲手抹掉自己的名字，以示绝不趋炎附势。

万历二十二年（1594年），顾宪成任吏部文选司郎中，因为上疏为常洛争太子名分，推荐的入阁候选人名单也不合上意，触怒了万历帝，被削职，回了无锡老家。

罢官之后，他致力于研究学问，四处讲学，反而步入了人生最辉煌的阶段。

万历后期，朝政败坏到不成样子。那时候，丧心病狂者多，心灰意冷者多，醉生梦死者多。顾宪成却傲立浊世，一反王阳明所说的“无善无恶是心之体”，不当鸵鸟，直面人世，力求挽救危局。

他有一句话流传于后世，足以振聋发聩——

“即使天下有一分可为，亦不肯放手！”

其时，顾宪成刚被罢黜，名望益高，慕名前来求教的人极多。他不论贵贱，一视同仁，以至于小小的泾里镇上，连祠堂、客栈和周围邻居家，都住满了前来求学者。如此，住宿处还是供不应求，顾宪成与自家兄弟就在宅边造了几十间书舍，供来人居住。由夫人朱氏给学生们烧饭做菜，学生来此，都觉如归家中。

那一阵子，泾溪南北，昼则书声琅琅，夜则烛火辉煌，也是末世的奇景了。前来求学的人，因苦闷而苦读，以求精神上能找到一扇窗子。甚至一些素有才名的学者，也争相前来求教。

当时顾宪成讲学的足迹，遍及苏州、常州、宜兴。还常与吴中名人聚会于无锡惠山的“天下第二泉”，讲学议政，指点江山。

在顾宪成的经营下，讲学活动渐成规模。他此时感到，有必要设置一个讲学大本营，进而对全社会产生影响。大本营的选址是现成的，无锡县城东门外有一所旧时的东林书院，是宋代学者杨时的讲学之地，可以利用。但房舍因年久失修，多有坍塌。顾宪成与其弟顾允成，遂倡议修复书院。

他们的主张，得到常州知府欧阳东凤和无锡知县林宰的支持。万历三十二年（1604）四月十一日，重建工程开始，至九月九日告竣，共用银一千二百多两。首倡者顾宪成捐银最多，官员和缙绅也多有捐助。

当年十月，顾宪成与顾允成、高攀龙、安希范、刘元珍、钱一本、薛敷教、叶茂才（此即“东林八君子”）发起东林大会，制定了《东林会约》，成立最初的学术团体。前来此地讲学的人，多为失意的中下级官员。因为是官场过来人，对时弊也就看得更透彻，他们崇尚实学，锋芒毕露，所虑皆天下家国事。

书院大门上的一副对联，则成为此后的万古绝唱——

风声雨声读书声声声入耳；家事国事天下事事事关心。

《东林会约》规定每年一大会、每月一小会，将分散的游学变为组织化的讲学。书院广招学员，不分尊卑，不限地域，无论长少，学费全免。讲学内容以儒家经史为主，兼及自然科学知识与应用管理学。讲学的形式也不拘一格，演讲中间还穿插诗词朗诵。主讲者随时回答学生的提问，有时还开展集体讨论——这已经很像是现代学院的风气了。

在明末颓靡之时，这个书院的创立，无疑是开了一代新风。“东林”一词顿成时髦，天下影从，四方云集，每年的大会有时多达千人。书院实际上成了一个舆论中心，并由学术团体逐渐发展成为政治派别。随着东林声名大起，顾宪成也被人尊称为“东林先生”，成为影响力巨大的一代精神领袖。

东林学人在讲学之余，经常讽议朝政，品评人物，指摘当道者之愚，忧心于天下汹汹的民变征兆。其影响达到京师之后，部分正直的官员也与之相呼应。顾宪成的许多学生，后来陆续走入官场，同气相求，在朝中形成了一股较大的政治势力。

社会是熔炉不假，但它不可能将所有的道德良心化为渣。当一个社会腐败到极致时，就会煅打出铁一样不屈服的角色！

然而，好事多磨。

万历三十八年（1610），东林书院受政局牵连，开始陷入困境。当时廷臣中针对亲东林党的官员李三才的褒贬，掀起了一场大政潮，就李三才能否入阁的问题发生激烈党争。掌京畿道的御史徐兆奎，首攻东林党人结党营私。见此形势，不少士人心生惧意，不敢再与东林书院有瓜葛。

顾宪成则不改初衷，独力支撑，一年一度的东林大会也照旧进行。

万历三十九年（1611），是例行的“京察”之年。是时，尽管有东林党人、首辅叶向高主持其事，希图化解纷争，澄清吏治，但万历帝仍听信徐兆奎的一面之词，对东林官员实行打压。这次京察之后，邪党成员趁势而上，纷纷占据要津，朝局愈加恶浊。

这时，参加东林聚会的人数也呈锐减趋势，仅余下寥寥数人而已。次年，顾宪成抱恨去世，享年六十二岁，留有著作《小心斋札记》《还经录》《证性篇》《东林商语》等。

明代的士风，也就是廷臣的风气，一直到嘉靖初年都还比较正。经过嘉靖一朝乌烟瘴气的影响，士风开始大坏。官员们徇私舞弊、道德沦丧，居然都不以为耻了。

就在东林党崛起的过程中，一批道德污浊的官员也纷纷结党，东林党人视之为“邪党”。其中齐、楚、浙三党，以科道（监察）

官员为主。

在万历末年，东林党与邪党互斗，波澜迭起。双方激烈纷争的焦点有三个——

一是争国本，本书前面已经介绍过。

二是李三才入阁之争。李三才的资历比较老，是万历二年（1574）的进士，曾以右佥都御史总理漕务，历任凤阳等地的巡抚。

李三才有名望，有务实能力，亦有正义感，曾劝谏万历帝撤销矿税太监。顾宪成在吏部的时候，就曾力荐李三才入阁。但是邪党一哄而起，给他加了“贪、险、伪、横”四大罪名，说他借道学为名，热衷于交结，暗指他与东林结党。

工部郎中邵辅忠，甚至捏造说：世人一时只知有三才，不知有陛下。

邪党揣摩万历帝长期懒于理政，最怕的可能就是这种舆论，故而才有这毒计出来。顾宪成见势不好，便给叶向高等人写信，申明事实，论救李三才。但不料此举却激起邪党更大的反对声浪，使李三才陷入危机。最终，不得不连上十五疏，告病请辞。

此后，邪党官员怕李三才东山再起，又挖出他盗用皇木（修建皇宫用的木料）营建私邸的丑闻，将李三才彻底搞垮。顾宪成也因此受到影响，在满朝诽谤中，郁郁而终。

为此事，邪党在攻击东林党时有一句名言，说是一入其党，贪官也被说成是廉吏。东林党在这件事上，比较被动。

三是争京察之权。明朝惯例，京官每六年考核一次，四品以上自察，五品以下由吏部、都察院、吏科等部院会同考核，以其功过得失来评定升降。因此，由哪一党的官员主持京察，就显得尤为重要。

自万历中期以后，两派早在京察上互有胜负。万历三十九年（1611）京察，正值东林党人叶向高任首辅，主持京察的是吏部尚书孙丕杨，万历对他比较信任。在孙丕杨的提议下，将一批齐、楚、浙等邪党人士罢免，但是由他推举的一批东林党人，却未获任用。这样，实际上的形势是邪党势力已逐渐坐大。

到了下一次京察，即万历四十五年（1617），浙党方从哲任首辅，三党完全得势，言路已无“正人”，在京察中尽斥东林党人。

再后来，东林党翻身，是在梃击、红丸、移宫三案相继发生后。东林一派坚持维护正统，不惧淫威，制止了郑贵妃、李选侍谋求垂帘听政的企图，使泰昌、天启两代皇帝顺利即位。两位皇帝自然对东林党心生好感，同时三党也发生内讧，导致形势陡转。

泰昌元年（1620）和天启元年（1621），周嘉谟任吏部尚书，万历时期被罢斥的大批正直官员被召回，东林党重新得势。这个势头，甚至一直延续到天启三年。

这就是史书上说的“熹宗初政，群贤满朝，天下欣欣望治”（《明史·赵南星传》）。

在这个时候，任何人都想不到：一个中下级的宦官正在悄然崛起，日后会拉起一个在声势上一点儿都不亚于东林党的“阉党”来。

这个突然冒出来的魏忠贤，以权术取得皇帝的信任、压制后宫势力，都还不难达到目的。但是，要想摧毁天启的政治根基东林党，恐怕要难！

这一盘棘手的棋局，他能够走得通吗？

——可惜，当时所有正直的人，都低估了他的智慧。

想在大明的最高政治层面上称霸，魏忠贤与客氏起初所具备的优势，仅仅是天启的恩宠，这其实是不够的。明朝的政治，和我们想象的并不完全一样——不是在任何时候、任何事情上都是皇帝说了算。

明朝这部国家机器，运转了二百多年，始终限制着皇帝为所欲为的有三大法宝：一是礼法，也就是孔孟那一套。不过纸面上的大道理，很难约束活人，所以就有第二宝——祖制，有着从朱元璋以来的历朝祖宗定下的制度。但制度是由人来执行的，它本身不具备紧箍咒的无限法力，因而就有第三宝——建言机制。这是皇帝与廷臣在长期的共同执政中，磨合出来的一套体制。

皇帝你可以胡闹，但臣子我也可以批评。你可以不听批评，但你却无法消灭批评。

因为有批评的机制在，有为批评而设立的言官制度在，而且谁也不敢把它取消，这就保证了一定程度的制衡。就连对廷臣的批评最感到厌恶的万历帝，也只能以不视朝来躲开批评。也就是说，一个明朝的皇帝，只要正常出来理政，他就要听到廷臣对他直接的批评。

虽然也有残暴的廷杖，但以古代的文明程度来衡量，这不过是皇帝对批评的一种激烈反弹、一种惩罚和制约，而非现代意义上的暴政。没有哪个大明皇帝曾公开讲过，要取消舆论、取消奏疏、取消邸报、取消内阁辅政制度，一切都由我自己来“暗箱操作”——这种独断，在明朝是不敢想象的。

这一点，也算是有点儿雅量吧？

正因如此，魏忠贤与客氏的政治图谋，在内廷坐大不难，但如果想控制外廷朝政的话，就面临着种种风险。他俩就是爬得再高，也高不过皇帝这个总的仲裁者。再者，这二人的身份，都有点儿名不正、言不顺。本来是伺候人的人，凭什么一跃而成朝政主宰者。明朝体制就是再开明，也要讲究一个身份资格与程序。

然而，皇权下所谓公正的历史，只是跨越多少年回看的总趋势。它的细部，往往是由无数荒谬组成的。客、魏在一开始时，只有固宠的小小野心，而意外的大幸运，却接二连三地降临于他们头上。

随着魏忠贤得势，很快就有人投奔。

这个不奇怪，因为王安一死，皇帝身边最亲信的太监就再无他人，只有魏二爷。现在，魏忠贤成了全明朝拥有政治资源最多的人。按理说，客氏的实力比他还强，这个女人，与天启的渊源比他还深，且又识字，记忆力在他之上；但不幸，客氏是个女人，又不想像武则天那样打算“牝鸡司晨”，所以客氏的资源，全都用来给魏忠贤加了分。

俗世中有一些现象，类似宇宙定律吧，是屡禁不绝的。比方，“有奶便是娘”即是之一，只要有资源的地方，就有人来投奔。尤其明朝的内廷，就是个赤裸裸的权力场，道德礼法很薄弱。因而魏忠贤这杆大旗一竖，扑过来抱粗腿的，就大有人在。

内廷里的几个“大珰”，很快就成了魏忠贤的心腹。我们先来说说魏忠贤在内廷的“五虎上将”。

头一个就是王体乾。他是北直隶顺天府昌平州（今北京市昌平区）人，入宫的时间很早，张居正还在的时候就进来了，先在杭州织造太监孙隆的名下。他的为人，史书上称柔貌深险，其贪无比，同时又好读书。这样的人，在现实中往往极难对付。

熬到了万历二十八年（1600），王体乾升了文书房，有了一点儿起步的资本了。在泰昌元年（1620）八月的关键时期，他以重金贿求李选侍的心腹太监李进忠（是哪一个李进忠，史家不明说。按理应该不是魏忠贤，因为魏那时虽然也属李选侍的心腹，但位置并不太高），如愿升了典玺局掌印太监，成了二十四衙门的头领之一了。一个月后，又升司礼监太监兼御马监，成为内廷里显赫的大人物。

移宫案发生后，李选侍倒台。魏忠贤“跳帮”跳到了客氏的船上，绝处逢生。王体乾也身手敏捷，紧跟着“跳帮”跳到客、魏的船上。实际上，那时的王体乾，在资历和位置上，都比魏忠贤要高得多，所以魏也乐得拉拢。王体乾知道魏忠贤参与盗宝的内幕，而且也知道魏忠贤已将罪责推给了另外一个李进忠，于是建议魏，干脆将那个李进忠灭口算了。杀没杀无法考证，但王体乾这主意够毒的，翻脸就不认恩公。

到了天启元年（1621）夏季，客、魏和王体乾三人，密谋杀王安。因为魏忠贤不识字，所以不便出任司礼监掌印太监，客、魏就做顺水人情，把这一顶内廷最高的帽子，送给了王体乾，交换条件就是要听话。

这样在新船上就站稳了，王体乾从此一意阿附魏忠贤，为之尽力。

魏忠贤找到的这个帮手相当称职。古代操纵政权，需要有很高的文化，不然奏疏都读不下来。在阉党中，给魏忠贤拿主意的就是王体乾和李永贞。碰上需要皇帝亲笔改动内阁票拟的时候，就由王体乾一个人面奏，告诉皇上怎么改为好。

王体乾对魏忠贤始终忠心不二，在司礼监的文件上，他和魏忠贤的名字并列第一排，第二排才是其他人。

他实际上是阉党重要谋主，在皇帝面前口述文件内容时，指名道姓，滴水不漏。魏忠贤完全是通过他来左右皇帝的意愿。人有多阴险，主意就有多阴险，在震动朝野的杨涟事件、万爆事件中，王体乾起到了极其恶劣的作用，而且还建议天启恢复廷杖。说这个家伙万恶不赦，一点儿也不冤枉他。

第二员大将是李永贞。他是通州（今北京市通州区）富河庄人，也不是什么善类，史载他性贪好胜、贪愎猜险。五岁时自行阉割，估计是老爹早就想让他当宦官。可是到十五岁才混进京，在万历时期王皇后之母赵氏家里当下人。混到了十九岁，才有机会在万历二十九年（1601）“专业对口”进了宫，在坤宁宫当近侍，伺候皇后。

哪承想，才干了两年多，就犯了大错误，被拘押服苦役十八年，其间多次险些被赐死。多亏大太监陈矩力救，才保下了一条命。

他是在被拘押期间学的文化，先读了四书与《诗经》，又研习《易经》《书经》《左传》《史记》《汉书》等，估计比当今的文科生学得还透。这期间，还学会了一手好书法，又会下棋，善作诗，能品评八股文。

万历帝在临死前，不知怎么就想起了他，遗诏嘱咐将其释放。

出来后，还是在坤宁宫，不过这次是在王皇后的灵位前伺候了。直到这时，李永贞才初识魏忠贤。

天启元年（1621）秋，李永贞被派到秉笔太监兼兵仗局掌印诸栋手下。在兵仗局里有个宦官叫刘荣，是魏忠贤的心腹。李永贞与刘荣臭味相投，遂结为生死之交。第二年，诸栋病死，通过刘荣的引见，李永贞转投魏忠贤的名下，正式上了船，升任文书房。到天启三年（1623），忽就鸿运当头，一个月内连升五次，最终升为玉带随堂秉笔太监兼内官监掌印，成了魏忠贤身边的五虎上将之一。

他做的工作是审阅奏章，先把每个折子的要点记住，然后对魏忠贤解说清楚，以便阉党高层集体做决定。

这个人也是个奇才，非常喜欢《韩非子》（法家为何这么招恶人喜欢），还喜欢谈论天象和解梦。平时盛气凌人，无论是谁，只要所为不合他心意，立刻就翻脸，与人争论从不肯认输，连魏忠贤也不得不对他包容三分。

刘若愚曾在他名下起草文书。据刘讲，李永贞做事诡秘，又常在他面前长吁短叹，好像上了贼船原是万般无奈似的。

李永贞好贪是出了名的，在监督修三大殿和信王府邸时，贪污无算。暗中拿到了钱，也不怕烫手，就在老家大肆盖房子置地。

李永贞后来被崇祯皇帝清算时，是被判斩决的。

第三位是涂文辅，北直隶保定府安肃县（今河北省保定市徐水区）人。《酌中志》说他姿容修雅，是个美男子。其人通晓文理，富于心计，又喜欢弹琴射箭，业余爱好与魏忠贤相同。他的资格渊源是来自客氏。客氏入宫当了奶妈后，儿子侯兴国尚年幼，便请了涂文辅在外授课，因此，涂属于客氏一派。

天启元年（1621），他冒姓姜被选入宫，百般巴结魏忠贤，得以担任管库内侍。两年后，又升乾清宫管事，直接伺候皇上，整天诱导天启玩木匠活儿。由于他一身集中了三大政治资源：天启、客氏、大魏，因此晋升极快，很快就升了随堂太监兼御马监掌印，总提督四卫营，同时还提督太仓银库和节慎库。

按照明制，太仓银库与户部是一个系统，节慎库与工部是一个系统，应该分别派人管理，而由他一人总管，实为违制，可见其受宠信之深。涂文辅强行买下了皇亲李承恩的宅子，在门口的匾额上大书“户工总部”四个字，以为炫耀。“总部”一词，原为明初吏部下设的属部之名，后废除不用。涂文辅将自己私宅以前代官衙的名称命名，可谓嚣张不可一世。

他去两部办事，部里的曹官要对他行下属礼。他乘坐的八抬大轿，气度不凡，跟随的仆从动不动就上百人。古代大官出行时，仆从中有专门吆喝清道的“道子”，一路要高呼：“轿子来了，前面闪开、闪开！”是为“呼殿”。涂文辅的队伍出来，呼殿之声比阁臣的道子呼得还雅，其音细而长，仿佛圣驾，内外官员无不下马回避。

从入宫起，涂文辅仅用了四年工夫，就爬到了秉笔太监的位置，气焰远超出魏身边的其他任何太监。

这家伙的结局还不错。崇祯即位后，他见势不妙，和李永贞一道叛离了客、魏，投到崇祯亲信太监徐应元的名下。定逆案时，被判充军，旋即与徐应元一起被贬至凤阳，总算是逃过一死。

第四名是石元雅，北直隶保定府雄县人。万历二十九年

（1601）被选入宫，在兵仗局任写字。他善骑射，喜打猎，但不喜读书。泰昌元年（1620）年底，经魏忠贤奏请，升入司礼监文书房。后来升为秉笔太监，兼掌针工局和提督南海子，成了魏的心腹。《酌中志》说，他每见魏忠贤，即屏去外人，与之私语，移时方出。也就是老魏见他，总要对他长时间面授机宜。

天启七年（1627）九月，天启驾崩，他察觉形势不对，慌忙请求退休，但未获允准。到了十月，实在坐不住了，便私自逃走。定逆案时被判充军，最终客死他乡。

第五名是梁栋，北直隶顺天府宛平县（今属北京市）人，万历十一年（1583）被选入宫，在司礼监干事，提督太和山。天启元年（1621）夏，魏忠贤将他提拔为秉笔太监，兼掌酒醋面局，让他在皇上跟前伺候。他也是负责批阅奏章的五人之一，为魏忠贤的死党。

这家伙的结局不太好。他有个哥哥梁植，因他的关系得荫锦衣卫，后来升了五军都督府的都督同知（从一品），此人贪得无厌，招权纳贿，引起魏忠贤的厌恶，波及梁栋本人。结果，梁栋被排挤出宫，任苏杭织造，时间不长又调回京师。定逆案时，被判革职放回原籍，大概是在拘押期间死掉了。

这五员大将，各有其长，魏忠贤收拢了他们，如虎添翼。本来明初太祖定下制度，不许宦官学文化，就是怕太监势力坐大。结果宣宗反其道而行之，设立了宦官学堂，使得大批宦官具备了操纵政局的能力。

魏忠贤收了这五个喽啰，充作阉党核心人物，应付起政务来，绰绰有余。而且这班人的文化素质，能让天启完全放心。

除此而外，还有许秉彝、王国泰、王朝辅、金良辅、孟忠、刘应坤、孙进、李朝钦、纪用等三十余人为骨干队伍，各司其职。许秉彝负责勾结外廷，王国泰先是在信王府伺候，后为秉笔太监兼掌尚膳监，王朝辅先是乾清宫管事，后亦为秉笔。诸阉或在御前近侍，或在内廷各衙主事，或在外方镇守，形成了非常严密的管理网络。

有了这套人马，魏忠贤耳目灵通，令出能行，完全建立了一个只听命于他自己的“国中之国”。天启虽然名义上是帝国的最高主宰，但这个傻瓜皇帝，已经不能对实际情况有所了解了，也不能真正处理政务，完全成了被摆布的傀儡。他的存在，不过是为魏忠贤的专权赋予了一种合法性而已。

魏忠贤后期与天启被人称为“并帝”，其爪牙也直接称他为“九千岁”，这都是客气的说法。实际上在天启后期，魏忠贤是正经做了几年无冕皇帝。在排场和威严方面，更是凌驾于皇帝之上。

这样的阵势，在严密程度上、在可操控性上、在与最高权力的亲密度上，都远远超过了关系松散的东林党。

对付东林党，他已经做好了排兵布阵的部署。

而且，让魏忠贤喜出望外的是，在内阁和六部的高官中，也有大批人来向他投效。本来，操控内廷运作，与东林党抗衡，并不是文盲政治家魏忠贤的初衷，但机会就这么推也推不掉地送上来了，他自是当仁不让！

第十四章 连脸都不要了他们还怕啥

魏忠贤又碰上了好运气。若在嘉靖以前，一个宦官再怎么牛，也不要指望会有大批廷臣来投靠，若有人愿意跟你暗通款曲，就已很不错了。但是到了万历末年，情形已大为不同。士大夫（知识分子）里有一批人，基本上连脸都不要了。

不要脸的原因，在于道德已经崩溃。

明朝是最先将科举试题八股化的朝代，做文章一讲八股，就等于把道德文章变成了技术性文章。学孔孟，成了大家公认的敲门砖，用完了就可以扔，傻瓜才会在实践上照着办。

道德一松弛，人与禽兽也就相差无几，社会上就该信奉狼性了。世俗族群中，宗教的力量一般不能约束人的行为，唯一能让人在作恶方面有所收敛的，是死后的名声。但是，恶人看问题，一般都着眼于利益兑现，谁还管他死后如何？

明朝到了晚期，一切末世的景象都出来了。不光是做官的，连普通老百姓都竞相追求奢靡。金银打造的溺器，在富贵人家很流行；小民则宁肯背债，也要穿绸缎装阔。笑贫不笑娼，笑廉不笑贪，成功就在于腰包里的银子重量。士大夫在这种背景下，不要脸自然是大势所趋了。

当道德的裤腰带一松，就什么都敢干了！

过去，廷臣要是想勾结宦官，通过宦官在皇帝那里美言，须得偷偷摸摸。一旦泄露，那就跟在闹市里偷窃被当场擒获一样丢人。

万历初年的首辅张居正，就是因为跟大太监冯保结成了政治同盟，很为士林所不齿，影响到死后名声也一直不大好。

现在不同了，有奶便是娘啊。一批人忽然想明白了，宦官的奶又毒不死人，怕什么？无非就是“人而无仪”——不要脸就是了。

从天启二年（1622）起，在与东林党的前哨战中，魏忠贤欣喜地看到：一批重要官员要来吃他的奶了。

他的策略是：来者不拒。

这与东林党的人事策略形成鲜明对照。东林党是一伙正人君子不假，但是在官吏任用上有极端倾向，非我一类，务要斩尽杀绝。

天启二年，正是东林党气势最盛的时候，一批中间人士甚至少数邪党中人，都有前来依附之意。如果东林党此时宽以待人，不难达到天下晏然。可是他们恰在这个时候，又重新追论“三大案”，其调门之高，等于全面宣告党争。浙党党魁方从哲，被他们指为炮制红丸案谋害泰昌帝的主谋，有“十罪”“三可杀”之说。同时，还指责有关涉案官员大逆不道，便是诛杀亦不能抵罪。

都说“水至清则无鱼”，可他们偏就要求水至清！

这样，大批在三大案前后表现不佳的官员，地位就受到了威胁。虽然天启听取了东林党人中头脑清醒者的意见，并未对三案有关人员实行严讯，处理得非常谨慎，但是在巨大的政治压力下，一部分邪党人士仍感难以自处，不得不另外寻求保护伞。

他们在惊惶中忽然看到，魏忠贤那里，正高高地撑着一把大红伞。

真是天助我也！

人们提倡从善如流，但实际上从恶也是如流的。哪个地方好投奔，就往哪里奔吧！

从天启元年（1621）开始，陆续有百余名文武臣僚投靠魏忠贤，成为魏控制外廷的爪牙。据有人统计，这批外廷诸臣中，进士出身的比例相当大，这无疑是给魏忠贤送来了一支劲旅。

正因为有这些无耻官僚的加入，阉党才能成为一大势力。阉党的成员，实力已不输于东林党半分了，所不同的无非就是鲜廉寡耻。

这些阉党官员，按照官职高低和各自特长，分为几个层次。

头一等，阁臣级的，有两位大佬：顾秉谦和魏广微。

顾秉谦是昆山人，万历二十三年（1595）的进士。原任礼部尚书，在天启元年就开始依附魏忠贤，两年后得以入阁。《明史》对他的评价是“庸劣无耻”。杨涟则公开说他是“门生阁老”，谁的门生？魏大宦竖！他曾与魏广微共同编了一册《缙绅便览》，也就是官员名录，其中在东林党人的姓名旁点上墨点，所恨极重者三点，次者二点，又次者一点。共点了叶向高等七十余人，交给魏二爷，让魏在天启面前品评官员时参考。

魏广微，北直隶南乐（今河南省南乐县）人，是原侍郎魏允贞之子。魏允贞是个很正直的官员，但这个儿子却不肖，其人阴狡。他是万历三十二年（1604）的进士，任南京礼部侍郎。魏忠贤势大后，他以同乡同姓相结交，随后升礼部尚书并入阁。他怕魏忠贤搞不清内廷宦官谁是自己人，就向魏进呈了一份六十人名单，按照亲疏程度，在姓名旁各加三圈、两圈不等，让老魏陆续起用和提拔。他当了阁臣后，交付魏忠贤的书信，封皮上都要题上“内阁家报”四个字，公开认了同宗，时人索性称他为“外魏公”。

这个魏广微与魏忠贤的关系，有些曲折。一开始，他还不是死心塌地，还想跟东林党人也拉上一点儿关系。他的父亲魏允贞，与东林党要人赵南星是至交，他入阁后，曾经三次登门拜访赵南星，想拉关系。但赵南星就是不见，并且叹息曰：“魏允贞无子！”自此，魏广微才铁了心跟随魏忠贤。但后来在杨涟上疏事件中，他又颇不自安，上疏为杨涟讲情，因而触犯了魏忠贤，在天启五年（1625）不得不请辞，脱离阉党。当然，最终还是被定为逆案中人，判了充军。

这两位阁老，位极人臣，却不顾脸皮逢迎魏忠贤，甘受奴役，开了阁臣为宦竖充当走狗的恶例。

在他们两人之后，还有黄立极、施凤来、张瑞图等入阁，同样也充当了魏忠贤的走狗。

阁臣往下，就是文臣中的“五虎”，专为魏忠贤出谋划策。

“五虎”之首崔呈秀，蓟州（今天津市蓟州区）人。这是阉党中一个非常重要的人物。他是万历四十一年（1613）的进士，天启初年为御史，后又巡抚淮、扬，为人卑污狡狯，不修德行。最初东林党势力极盛时，他有心依附，力荐李三才入阁，并要求加入东林，但遭到拒绝，闹得灰头土脸。天启四年（1624），都御史高攀龙揭发其贪污受贿，吏部尚书赵南星等建议将他发配充军。天启也下诏同意将他革职，听候审查。

崔呈秀见大势不好，连夜奔走魏忠贤的宅门，叩头流涕，请求援助。他声称：高、赵二人是挟私报复，请魏公公做主，并表示愿给魏忠贤做儿子，呼之以父。魏忠贤当时正受到廷臣空前规模的围攻，急需在外廷有人帮把手，见崔呈秀如此有诚意，大喜。第二天就出“中旨”（不用内阁票拟），免了崔呈秀的审查。

魏忠贤从此将崔呈秀视为心腹，日与谋划。崔呈秀和最早投靠魏忠贤的刑科给事中霍维华，同为阉党的高级智囊，直接参与内外廷各项机密。

到天启五年（1625）正月，给事中李恒茂上疏为崔呈秀翻案，天启也变了主意，认为崔是被东林党诬陷的，准他官复原职，不久后升任工部右侍郎，督修三大殿。魏忠贤当时借口巡视工程，每天要到外朝来一趟，每次都要屏去左右，与崔呈秀密语一番。

这个家伙还编撰了《天鉴录》和《同志录》两本东林党人黑名单，按等级加圈加点，提供给魏忠贤，以便逐一贬斥。魏忠贤按图索骥，清流善类由此一扫而空。

崔呈秀后来居上，深受魏忠贤信任。以至于一些趋炎附势之徒想巴结魏老大，都要通过他。很快在他名下居然也聚集起大批朝臣，俨然成为一个大盟主。

天启七年（1627）八月，阉党最鼎盛时，他任兵部尚书兼左都御史，一手抓兵权，一手抓监察，权倾朝野，不可一世。可惜戏到高潮时，也就快要散了。

“五虎”的其他四位是吴淳夫、倪文焕、田吉、李夔龙。这几个，大都是万历末年因故被劾被纠，又在天启五年以后，逐渐靠上阉党的。此外，他们还有一个共同特点，就是投靠阉党之后，都晋升得极快。尤其是吴淳夫，一年中六迁，官至极品，由兵部郎中累进工部尚书，加太子太傅。这是除了入阁以外，把官做到顶了。

与文臣的“五虎”相对应，武将里也有“五彪”，是专给魏忠贤充当打手和杀手的。

“五彪”之首是田尔耕，他是任丘（今河北省任丘市）人，因老爹当过兵部尚书，他本人得以荫锦衣卫职，官至左都督。天启四年后，执掌锦衣卫，成了特务总头子。其人狡猾阴险，又与魏忠贤的侄儿魏良卿是好友。魏忠贤兴起大狱整治东林党人，他出力甚多。

《明史》称，彼时侦卒四出，罗织无辜，入狱者皆不得出。在田尔耕把持下，锦衣卫如同地狱，外人望之，不啻屠宰场！就古代的通信水平和组织能力来说，这家伙在整治东林党时搞的恐怖活动，网罗之严密，反应之迅速，现代人远不及。那时的一位亲历者，对此有过非常生动的描述，留在后面再述。

田尔耕与魏忠贤关系密切，情同父子，时有歌谣称之为“大儿田尔耕”，且又与魏广微是儿女亲家，其关系盘根错节。凡他出的阴损主意，魏忠贤都言无不纳。那些想入阉党的无耻之徒，多是通过走他的门路来投靠的，以至家门都要被人挤爆。

“五彪”里的另一位许显纯，也极有名。他是定兴人，老爹是驸马都尉，本人是武举出身，任锦衣卫都指挥佥事。后投靠魏忠贤，当了魏的“义子”。天启四年（1624），魏忠贤觉得原镇抚司的头头刘侨办案不力，就换上了这个杀人魔头。

此人性情极端残暴，搞逼供信很有一套。东林党人里，有数十人惨死于许显纯之手，史书上的有关记载，可谓字字滴血！所有东林党人犯的“口供”，都是他一人编造出来的。每逢鞫问，魏干爹都要派人来，坐在他身后旁听，名曰“听记”。许显纯对干爹毕恭毕敬，如果哪天听记的宦官偶然未到，他就袖手不敢审讯。

“五彪”的其他三位是崔应元、孙云鹤、杨寰。三人都是厂、卫中级官员，凡是许显纯谋害东林党人的事，三人都有所参与。

如此，魏忠贤手下，文有“小诸葛”，武有“来俊臣”，又愁何事不成？

再往下一等，则是“十孩儿”。这一层，属于散布在朝中的骨干力量，代表人物为御史石三畏、太仆寺少卿鲁生等。

又下一等，是“十狗”，顾名思义就是狗腿子。代表者有吏部尚书周应秋、太仆寺少卿曹钦程等。

最后，还有“四十孙儿”，估计是死活都要往上巴结的虾兵蟹将，攀不上“义子”，当孙子也成——脸都不要了，认个没卵的爷爷又有什么丢人？

除了这些无耻“儿孙”外，还有大批文臣也在阉党之列，自内阁、六部至四方总督、巡抚，遍地都有魏氏死党。

这个外廷爪牙团队，也是个严密的金字塔结构。魏忠贤在整个天启年间，不断在充填这个框架，从刚开始一个小小的给事中来投靠，他都欣喜若狂，到后来对阁老也敢颐指气使，如斥家奴。

正是无良朝臣的软骨，使魏忠贤的胆子越来越大，对“众正盈朝”的东林党阵营，也敢步步进逼了，直至迫使对方退无可退，唯有背水一战。

据今人苗棣先生统计，在后来被定为“逆案”人员的二百多人中，除去魏、客及其亲属亲信外，共有一百九十四名各级文官在列。其中，竟有一百五十九人为进士出身，占总数八成以上。这个统计，令人震惊。

一个高素质、高学历的邪恶集团，一个以孔孟之道为招牌的无耻队伍，他们所玩的花样，远比文盲加流氓更精致，同时，他们的堕落也就更不可饶恕。

明朝，是唐末以来太监为祸最烈的一个朝代。本朝的王振、刘瑾，几乎已玩得登峰造极了。当然，他们的下场也极其悲惨。王振被人用铁锤砸烂了脑袋，刘瑾被剐三千三百五十七刀。尤其是刘瑾，死前被杖刑、扇耳光，备受侮辱。行刑的头一日，剐了三百五十七刀，晚间羁押在宛平看守所，尚能食粥两碗。第二天继续剐，因他在行刑过程中不断说出宫内秘事，刽子手便往他嘴里塞了两个核桃堵嘴，又割了几十刀后气绝。剐够了刀数后，有圣旨下，予以锉尸、免枭首（锉尸一般是把尸体砍烂，然后砍头）。刽子手接旨后，对准死了的刘瑾，当胸一大斧，骨肉顿时飞出数丈远，受害之家争抢其肉。

前朝这样的史实，进士出身的知识分子官员不可能不清楚。阉竖专权，罕有好结局。可是，他们为何还要前赴后继地投靠阉竖？

说白了，还是为了贪，为了威风。苗棣先生总结道，投靠阉党的文官分三类：位置本来就很高的公卿，要保官；原是邪党成员的，要翻身；下层的小官僚，一心想往上爬。

只有当了高官，才能敞开怀抱受贿，安插私人，挟嫌报复，把几十年寒窗苦读的投资加倍捞回来。

他们根本不想留一世清名，更不想留万世英名。捞一天算一天，等船翻了再说船翻的事。

他们也有理念，那就是投机主义——老天是瞎眼的，百姓是无权的，皇帝被彻底蒙蔽住了。天地间，还有什么人能阻挡我辈为恶？

他们知道，唯有“清流”能做到。

因此，他们视东林党为寇仇。有我，就没有你！

外廷东林党人与魏忠贤的大战，在天启四年（1624）呈白热化。而其前哨战，则自泰昌元年（1620）的年底就已打响，只是史家多不论及罢了。

当时，魏忠贤首选的发难目标，是在移宫案中立有大功的杨涟。当然，他那时的实力，还远不能与杨涟相比，因此他用的是阴招儿。

杨涟，字文孺，号大洪，湖广应山县（今湖北省广水市）人，长了一把大胡子，想必是“美髯公”。杨是万历三十五年（1607）的进士，曾任常熟知县，在任几年，野无饿殍，狱无冤囚，是受百姓拥戴的好官员。在几次考核中，他的政绩和廉洁度都名列全国第一，引起了吏部重视，不久就提为户科给事中（财政系统监察官），后又任兵科右给事中，这是吏部看中了他的耿直与疾恶如仇。

前面说过，万历四十八年（1620）七月，大明开始多事。万历帝病危，郑贵妃恋权，图谋封皇后。杨涟挺身而出，力促让太子守候在万历帝床前，保证了皇权平稳过渡。万历死后，郑贵妃仍要泰昌帝封她为皇太后。杨涟再次出头，坚决反对。

杨涟敢于坚持原则，泰昌帝则报以青眼。在一个月后，泰昌帝病危，临终前，破例将杨涟这个小臣列入顾命大臣之列，其荣耀非同一般。

泰昌帝死后，其嫔妃李选侍又恋权，挟持嗣君，占住乾清宫闹事。又是杨涟冲锋陷阵，把李选侍从乾清宫撵走。“杨大胡子”因而名动天下。

杨涟并不是仇视李选侍，他只是不希望出现政局动荡。移宫案后，他曾经说：李选侍不走，无以尊天子；眼下她既然走了，就应厚待。这看法还是相当通人情的。

魏忠贤恰在移宫案中站错了队，被杨涟当面挖苦甚至呵斥过。泰昌元年（1620）九月，曾有一批廷臣上疏，请追究魏忠贤的罪责，杨涟是第一个起来揭发魏的。魏那时与外廷接触不多，于是杨涟就成了他在外廷的第一号仇敌。

泰昌元年（1621）十月二十四日，李选侍刚搬过去养老的哕鸾宫，突发大火，引起内外不安。魏忠贤和其他一些站错队的宦官，便趁机造谣，说给李选侍的待遇太不好，她已自缢身亡，唯一的女儿皇八妹也投井自尽了！御史贾继春等人听信谣言，给内阁写了信，为李选侍鸣不平。

对此，杨涟特地写了《移宫两朝始末记》，予以辟谣。天启那时脑子还清醒，也下诏说明了情况，指李氏恶毒，曾长期欺凌他的生母和他自己，现在如此对她，已算是很开恩了。

天启也知道杨涟忠心，对杨涟写的《移宫两朝始末记》大加赞扬，说杨涟是志安社稷，于国有功。

贾继春等人不服，又上疏诬蔑杨涟勾结王安，企图挤走当时的内阁首辅方从哲，自己当首辅。

这实际上就已经是东林党与邪党之争了。而杨涟在此时，表现出了东林党人的一贯迂执——你说我有问题，那好，我就辞职以明志。当然，这也是明朝文臣的习惯做法，只是东林党人做得比较决绝而已。

而这，无异让出了战场上有利的位置，不战自退，他们后来吃这战法的亏吃大了！

杨涟上疏自辩，引咎辞职，请皇上定夺。他说："望皇上能明白臣的心迹，放臣为急流勇退之人。"——我退了，还能说我有拜相的野心吗？

交了奏疏后，他就打好行李，跑到京城以外去听通知了。

按惯例，像这种没影儿的事，皇帝是根本不会信的。臣下做个姿态，中外就都明白了，皇帝再下个诏挽留，不许辞职，事情便可了结。

一开始，也正像这个程序一样。天启觉得杨大胡子不能走，但杨涟此刻已经在城外待命了。这个姿态，很坚决，是否真的需要放他回去一段，以便洗刷名誉呢？天启有点儿犹豫了。

魏忠贤这时听到消息，心中大喜：天爷呀，真是想什么来什么啊！

这时他原本正处在郁闷中。九月，杨涟头一个上本，参他盗宝，众阁臣紧跟，连方从哲都联了名（可见浙党起初并非与魏忠贤穿一条裤子）。十一月，又被老家伙王安鞫问了一回，险些翻车。现在，总算是侥幸没事了，要抓住机会把杨涟撵走，以报一箭之仇。

可是，以他现在的狼狈处境，如何能干掉杨涟这当代第一大红人呢？

他跑去找客氏。

客氏冷静分析了形势，微微一笑，有办法了！她要为天启亲自办一桌"老太家宴"，做天启最喜欢吃的炒鲜虾和人参笋，请皇帝美餐一顿，然后在饭桌上进言，这就比较有把握。

人事问题有时候就是请客吃饭，客氏深谙此道。

天启果然上套，兴冲冲地来了。

大嚼之际，客氏站在桌边伺候，一面就信口开聊。聊到杨涟，客氏说："杨大胡子劳苦功高，里外奔跑，不容易。今日他要急流勇退，陛下您应该如其所请，以遂其心。这样呢，他也可为人楷模。"

天启的智力应该是没有问题，但就是遇到复杂的正事不愿多想。他哪能听出这里边的奥妙，未等饭毕，就答应了："好好，放这老爷子回去。"

十二月，诏下，准杨涟回家闲住。杨涟接旨后，可能感到非常意外，想不出头绪来，但也没办法，只好返回应山老家，真的急流勇退了。

杨涟是顾命诸臣之一，当时为天下最负盛名的忠臣，对两代皇帝都有拥立之功。此次突然被放归，东林党人当然感到惶惑，不知打击从何而来。马上就有人上疏，要求把他召回。

天启元年（1621）正月十一日，御史马逢皋上疏，大声疾呼："力促移宫究竟是功还是过？如果移宫有过，那不应是杨涟一个人负责，参与的人多了。如今真正的罪人未除，而揭发者却向隅而泣；陛下始安，而护卫之人，却沦为江上之客！杨涟此时求去，不过是表明为臣的气节而已。陛下亦知杨涟去后事态物情将如何，何不立刻将他召回？"

马逢皋所说句句在理，逻辑严密。天启不知如何回答，他大概也有点儿意识到不对。正在犹豫间，魏忠贤跑来请皇上去西苑溜冰。这个溜冰，并不是现代的溜冰，而是天启自己发明的冰上拖床，前面用人力拉，拖床可在冰上往来如飞。

天启马上抓住魏忠贤问："马逢皋要我召回杨涟，你看如何答复才好？"

魏忠贤说："小臣明白，马御史这是要保护杨大胡子。杨涟是个忠臣不假，可陛下您让他回家去，也是顺从他本意，没有什么责罚的意思啊。"

天启对这回答很满意，想了一会儿说："朕知道杨涟忠直，暂准他告病就是了。"算他请了病假，这下大家不会再说什么了吧？

此后，又有御史高弘图上疏，再提此事。天启竟大怒，还有完没完！他批复："此乃摇惑视听，背公植私，着令革去高弘图官职。"后经阁臣说情，才改为罚俸二年。

寥寥数语，就能让杨涟离职还乡——连当朝楷模都被干倒了，魏忠贤怎能不欣喜若狂？

就在杨涟离京的那天，魏忠贤来到席市街的客氏宅内，与客氏大唱醉酒歌，热烈拥抱，共庆腊月里炸了惊雷！

此时此刻，真可谓千杯不醉啊。对东林党首要人物的偷袭，竟然就这么轻易得手了。魏忠贤从这个案例中，总结出了一些重要的权术。

东林党方面对此事的态度，让人甚感疑惑。那时叶向高不在朝中，但刘一璟、韩爌、周嘉谟这样的头牌人物，为何没群起而阻拦？这甚是奇怪。是为了尊重杨涟的意愿，还是为了避“党同”之嫌？总之无论怎样，都太迂腐了！

杨涟回原籍闲住，固然无损于他本人什么，对整个东林阵营来说，损失似乎也不太大。因为杨大胡子之忠，在天启心里是扎了根的，谁也动摇不了。果然，一年多以后，移宫案的余波完全平息，天启想起的第一件事，就是召回杨涟。

天启二年（1622），杨涟起复，用为礼科都给事中，这几乎已是副部级了，不久又升为太常寺少卿。天启三年（1623）又升左佥都御史。天启四年（1624）春，升左副都御史，成为监察部的副长官，权力大得很，这都是后来的事。

而就在他闲置的这一年多里，情况已大为不同。魏忠贤已非复吴下阿蒙，成了气候了！

最重要的是，东林方面这一次小小的失利，导致的结果是，让魏忠贤有了一个空隙，来扳倒东林党在内廷的盟友王安。

就杨涟的威望以及他的耿直来说，若在朝中，必不会坐视王安被贬，一定会出手援救。他出来说话，天启也一定能接受。同时魏忠贤也会有所忌惮，不敢下太狠的手。内廷的这条防线，就有可能不会被突破。那样的话，魏忠贤根本就没有任何机会崛起。

可惜！当时东林党心目中最大的政敌，还是“三党”的散兵游勇，没有人警惕魏忠贤。

等杨涟在家听到消息时，王安已不能复生了。惺惺相怜，唯有泪千行。

这是杨大胡子死也不能瞑目的一件事！

这个转折时刻，杨涟虽然回乡了，但天启改元，朝中气象仍是一新，没有人意识到有什么不妥。

当时的局面是：东林主政，客、魏侧目，天启只顾玩游戏。说起来，客、魏甚至还够不上一派势力。东林党人纷纷还朝后，志得意满，有人就想杀邪党的威风，出一出万历末年被迫咽下的那口气。

他们首先点的一把火，是追论三大案。礼部尚书孙慎行最先发难，追究已经下野的前首辅方从哲。天启元年（1621）四月，孙慎行上疏，说方从哲祸国之罪数不胜数，主张急讨此贼，以雪不共戴天之仇。在上疏中，明指泰昌帝之死是方从哲幕后指使人谋害的，帽子大得足以吓死人。

孙慎行是正人君子，但思维未免太过偏激。他认为，方从哲在叶向高离职后，独相六年，而三大案和辽事大坏，都是在这期间发生的。方从哲作为首辅，不图振作，首鼠两端，所以说肯定是历史罪人。

其实这个思路有很大的盲点。万历年间的一切事情，要负总责的，无疑是万历帝本人。方从哲的过错，不过是不敢抗争而已。

至于他是否真的打算误国亡国，没有证据。说他这期间没有政绩，或者说他浑浑噩噩，还差不多。但是，如果换个角度考虑，如果方从哲真的有主见，恐怕万历也不会让他当六年的独相，早把他赶下台了。

孙慎行的奏疏递上后，天启只是例行发下，让众臣讨论处理办法。结果，在朝中引起一场激烈的大争论。东林党中坚分子魏大中等人，坚决支持孙慎行；而方从哲的势力，则群起反驳。两边一交手，给魏忠贤的崛起创造了大好时机。

清代史学家赵翼说，三案"纷如聚讼，与东林忤者，众共指为邪党"（《廿二史札记》），说的就是东林门户之见太深，容不得人。

其实方从哲在泰昌元年（1620）年底，就因舆论压力太大，已经主动引退，这说明他还是有一定廉耻心的。如此打落水狗，痛快则痛快，却造成了新的动荡与分化。很多事情，从此有了不可预见性。

孙慎行的过度追责之举，是后来局面恶化的最初起因。后世史家一般都认为这是多此一举，甚至还有人认为，这个过错不可饶恕。

我们再来看，与顾宪成、邹元标同为"东林三君"的赵南星，在天启三年（1623）也有过极端的做法，好心不见得办好事。

赵南星在明末曾两次主持京察，因而名声大振。万历二十一年（1593）出任吏部考功郎中，为吏部级别最高的司官，与吏部尚书孙鑨（lóng）一道，主持当年的京察。

这人的敬业精神很不得了，据《东林列传》载，京察最忙时，他伏案良久，全神贯注，有蜘蛛在他耳边吐丝结网仍浑然不觉。他是个疾恶如仇的人，使起铁腕来六亲不认，一律秉公澄汰。就连孙鑨的外甥吕胤昌、阁老赵志皋的亲兄弟，还有赵南星本人的姻亲王三余，也都一样被免职。一时之间，朝野称快，谓此次京察为大明立国二百年来所仅见。

赵南星如此激进，触怒了当时的内阁首辅王锡爵等，发动言官围攻他。最后，赵南星被削籍为民。闲居二十六年后，于泰昌即位后方才还朝。天启二年（1622）任左都御史，一年后任吏部尚书，再次主持京察，慨然以廓清天下为任。这气概固然是好，但不免持之过甚。

这次他旧事重提，指责给事中亓诗教（齐党）、赵兴邦（浙党）和官应震、吴亮嗣（楚党）过去曾结党乱政——这几个人，确实曾为郑贵妃张过目，但那已是陈年旧事了。郑贵妃在万历死后淡出舞台，三党也全部瓦解，大可放过不提，以利于朝政稳定。但赵南星却不放过，写了一篇《四凶论》，要扒这四个人的皮，其意气用事，一如前次主持京察时。

这也是一件为渊驱鱼的事。

著名的明清史家谢国桢，对此有高见，认为赵南星此举，是逼迫三党做恶人，让他们无自新之路。

赵南星的文笔好，著名的《明清笑话四种》里的《笑赞》，就是老先生的大手笔。里面的《屁颂文章》《贼说话》《和尚》等篇什，也能让人笑疼肚皮。可惜，他打击起政敌来，却没有这般宽松心态。

在这方面，邹元标倒是很懂得和谐之道。《明史》上说，邹元标在还朝以后，“时朋党方盛，元标心恶之，思矫其弊，故其所荐引不专一途”。昔日东林友人见他竟然保举异己分子，怀疑他晚节不终，他也不计较，只是说：“大臣与言官不同，挑刺找毛病是言官的事；而大臣只要不是大利害，就要以国体为重，怎么能像少年那样轻举妄动?”

谢国桢先生激赏他这一态度，说，当时的大臣们若全有邹元标的态度，天启间的政局不至于弄得这样的糟，也绝不会有魏阉当政这样的惨变出来。

此外，强硬派杨涟对朋党也有很清醒的认识，他说：“时下的门户之见，凡讲一人，先不论贤与不肖，便问是哪一路人；亦不问其能为用否，就只问其走哪人的路子。如其为哪路，便谓之邪党，更不问做何邪事。”

这是非常可叹的偏执！

第十五章 堡垒开始一个接一个沦陷

从天启元年（1621）看明朝高层的人事变化，总有让人想不通的地方。一方面，东林党人的扩张意识很强，一路似乎都在高歌猛进，其势头直到天启四年（1624）都没有止住，到这一年的年初，还是可以称为“众正盈朝”的。但另一方面，东林党人中的重要人物，却在一个接一个地倒下——被魏忠贤分而击之，逐出舞台。

当最终的决战爆发时，阉党居然能轻松得手。

所有的正人君子，于一夜之间飘落。史书上，用了一句极其悲凉的话来形容：“正人去国，纷纷若振槁。”

——就像有人在摇晃枯木一样。

为什么会这样？大明朝为什么永远是魔比道高一丈？

难道，这就是它的宿命、是它百年的轮回？

天启元年六月，东林大佬叶向高起复，入京做了内阁首辅。这一年的内阁名单，看上去还是很令人欣慰的。你看：叶向高、刘一燝、韩爌、何宗彦、朱国祚。

个个都是“正人”，也几乎个个都很能干。除了朱国祚没有显著政绩外，其他人各有各的作为，即便朱老夫子也绝对是个好人。

可是到了七月，内阁里挤进来了一个人——沈潅。

这个家伙是方从哲的人，浙党骨干。早年他在翰林院为词臣时，曾在内书堂教书，给宦官们授过课。因此《明史》上说，魏忠贤、刘朝等人都是他的弟子。对这一点，有人不信。因为魏忠贤一直就不识字，而且内书堂是培养小宦者的，魏大叔似乎没有资格入学。

姑且听之吧，反正是两人在宫内就有相当深厚的渊源。

这个沈潅，除了是最早一批投靠魏忠贤的文官之外，他在历史上，还做了另一件非常有名的事。

万历四十四年（1616）的时候，他任南京礼部侍郎，在方从哲的支持下，驱逐了当地所有的天主教士，此为天主教在华传教的一大“教难”。而我们现在熟知的科学家徐光启（曾任礼部侍郎）与叶向高等人，一向对传教士是很友善的。

沈潅入阁，并非出于魏忠贤之力——那时魏大叔还没有这种能量。早在万历末年“会推”（评选阁臣候选人）时，沈潅就被三党人士提名，还没来得及任用，万历帝就死了，然后泰昌帝才将他列入阁臣人选。等到实际入阁，已经是天启元年的七月了。

阴差阳错，东林党人把持的内阁，忽然就打进来这么一个楔子。

他一来，从此事多！

东林党人的各路大员，从这一刻起，就宿命般地开始了多米诺骨牌式的倒下。

沈漼为了交好魏忠贤，公开支持开内操。其实，开内操并不是魏的发明，前代几个皇帝时都有过。但是像天启这样百事不问，只顾玩，情况就比较危险了。一万人的武装人员进出皇城，很容易出现参与政变的事（后来在天启死的那天，情势就相当危急）。

东林党人看不过眼，群起攻击沈漼为“肘腋之贼”。其中刑部尚书王纪，攻击尤力，干脆撕破了脸，直指沈漼为当代蔡京。

彼时刑部有一个主事徐大化，笔头功夫甚好，主动投效于魏忠贤门下，给魏出谋划策、代写文书，还常常出头乱咬正人君子。王纪恼恨徐大化的劣行，上疏弹劾他玩忽职守。王纪在奏疏里质问徐大化：“大臣中有交结权珰、诛锄正士如宋蔡京者，何不弹劾？何故非要与正人君子势同水火？”

王纪那时在天启帝面前说话很有分量，不久，徐大化就被罢。徐大化的同党、御史杨维垣颇为不平，上疏向王纪叫板：“你说的大臣没说出姓名，请指实！究竟是说谁？”

他原本想将王纪一军，猜想王纪大概不敢指名道姓，这样便可压一压王纪的风头。

哪知王纪根本不信这个邪，立刻上疏说：“此大臣不是别人，正是内阁大学士沈漼。他与宋奸相蔡京，代际不同，所为相似。至于贿交妇寺，窃弄威权，中旨频出而皇上不悟，朝柄阴握而皇上不知。”

这一激可倒好，王纪这下不仅点了沈漼的名，也等于公开点了客、魏二人的名。“妇寺”之意，就是妇人和宦官，明朝人都知道这说的是谁。

客、魏听说这事后，慌了，双双跑到天启那里痛哭流涕，替沈漼洗清，也为自己辩白。天启也知道沈漼跟客、魏确实扯不清，但还是给了客、魏面子，说王纪的话说得太多，应该给予申斥。就这么表示了一下，也就不了了之。

沈漼这个家伙，白做了一回斯文书生，自甘下流到了不堪的程度。在阉党之中，他是第一个投效的高官，也是第一个投效的阁臣，所起的示范作用极其恶劣。甚至，由此引发了魏忠贤想控制内阁的念头。

沈漼一肚子坏水，却长了一副好皮囊，大概也是一表人才。据说，他跟客氏还有一腿。前面曾说到，有一段时间客氏经常私自跑出宫去，就是与他幽会。

魏忠贤耳目灵通，早摸清了这情况，但又不敢得罪客氏。于是到后来，只要客氏一跑出去，魏忠贤就矫诏下旨，说有急事让客氏马上回宫。

圣旨谁敢违抗？明知是假的也得遵守。魏忠贤就是以这个办法，来阻止客氏给他戴绿帽。这个事，在一定范围内被传为笑谈。

在沈漼挤进来之前，内阁中就已先走了一位东林骨干——孙如游。孙如游，字景文，浙江余姚人，万历二十三年（1595）的进士，原为礼部右侍郎。泰昌在位时，他因抵制郑贵妃谋封皇后有功，被拔为礼部尚书。在移宫案中，是个主张撵走李选侍的坚定分子，因此上了魏忠贤的黑名单。在杨涟被挤走后，魏忠贤就瞄准了他。

但是，孙如游在个人品质和为官上，是个无可挑剔的人。于是，受魏忠贤的指使，几个言官就在他的入阁程序上做文章。孙如游是由天启“特简”（直接任命）入阁的，没有经过会推。言官们就说他的任用不合法，要他走人。

其实，皇帝特简任用阁臣，在前代就有过很多先例，并不能说完全不合法。只要任命得当，也不失为一个好办法。但是，这次言官的攻击，只抓住不合惯例这一点做文章。

而且东林党人的行动也不够协调，比方，同是在移宫案中立了大功的左光斗，竟然也加入了反对孙如游的行列，以标榜自己公正无私。

这样孙如游就非常被动了，同时他也不愿跟魏忠贤较劲，于是先后十多次上疏求归。

倒是天启还明白，下诏说：“累朝简用阁臣，都是皇帝说了算，前论已明，如何又无事生非？”

他说得没错。嘉靖、万历两代的内阁中，就有张璁、夏言、徐阶、李春方、陈以勤、张居正、赵贞吉、许国、赵志皋这样一批名相，都是特简的，干得很不错。不知为何到了孙如游这里，就成了问题。

到天启元年（1621）的二月，由于讨厌耳根不清静，皇帝最终还是把孙如游免了，但是给的退休礼遇很隆重。

孙如游一走，下一个轮到的就是刘一璟。

刘一璟人品也很好，怎么会成了靶子？祸端还是起于沈㴶这个花花阁老。

沈㴶支持开内操等诸多劣迹，引起了言官的普遍不满，对他交章弹劾。弄得老沈焦头烂额。在方从哲退休、叶向高回京中间有几个月，内阁实际上是没有首辅的，只有刘一璟的资望最高，目标也最明显。沈潅不思己过，反而怀疑是刘一璟在幕后发动，于是就授意给事中孙杰，上疏攻击刘一璟。

这下可把刘阁老给冤枉了，因为刘一璟自恃清白，从来就不跟言官勾搭，甚至连好脸色都没有。言官们对他怨望颇大，不可能给他当枪使。

——小人之心，真是防不胜防。因为疑心，就要干掉人家。即便冤枉了又怎样，冤枉好人又不会有什么危险后果（好人不会心狠手辣，也不会报复），所以就放心整人，这也是一种典型的思维。

刘一璟之所以被锁定，还有一个潜在的原因，就是在泰昌元年九月，他曾经向天启当面申奏，要求驱逐客氏。因此，搞掉刘一璟，肯定在客、魏的计划之内。

此外，刘一璟在那时，还坚决要求处死盗宝案中的刘朝、田诏等，对以修陵（万历之墓）有功的名义荫封魏忠贤，持有异议。这些老账，都是要一块儿来算的。

不过天启对刘一璟在移宫案中的护卫之举，印象极深，还不至于立刻就忘恩。首攻刘一璟的候补御史刘重庆，就被天启怒而贬官。但是接下来，攻势并未减弱，反而越来越猛。

刘一璟，字季晦，江西南昌（今江西省南昌市）人，也是万历二十三年（1595）的进士，原为礼部右侍郎。泰昌即位后入阁，在拥立天启的问题上态度坚决。当时外有刘一璟、韩爌、周嘉谟，内有王安，人们普遍认为大明朝总算中兴有望了。哪里料到，刘一璟的位子才坐了一年多，就坐不稳了！

最让刘一璟感到沮丧的是，不仅郭巩、霍维华这类渣滓蹦得欢，就连素有直声的给事中侯震旸、陈九畴，也加入了攻击的战团，讥讽他结纳王安。前面那些混账跳出来，刘一璟心里很明白，是魏忠贤在搞报复；可是侯震旸等人为了博取直声而口无遮拦，就未免让人太寒心了！

以明朝士大夫的一贯观念，最恨也最怕人家说自己进身不由正途，勾结了宦官，这是一个很大的污名。刘一璟不得不连上四道疏，为自己辩解，并按惯例请求解职。

魏忠贤等的就是这个效果，连忙矫诏发了下来：准刘一璟致仕回乡。

一个最微妙的时刻到了！

在外廷，大家都把形势看得很清楚——须有一个关键的人物出面，说服天启，坚决挽留刘一璟。

这个任务，唯有刚刚回到内阁的叶向高能胜任，可是叶向高并不很积极。

他对刘一璟有误会。

本来刘一璟是个心胸坦荡之人。在方从哲去职以后，按例是应由刘一璟递进为首辅，但刘一璟坚决不干，要把首辅位置留给将要回来的叶向高。

这个态度，可谓一片冰心在玉壶，叶大人却完全不能理解。

早就投靠了魏忠贤的霍维华、孙杰，偏巧正是叶向高的门生（叶是他们考进士的主考老师），两人不断在老师面前搬弄是非，为魏忠贤粉饰，对刘一璟大加诋毁。他们说，刘一璟对叶向高的复出非常嫉妒，很不情愿让出首辅的位置。

三人成虎，乃万古定律，叶阁老心中不可能没有阴影。

叶向高本来就不是个激烈之人，受了门生的鼓惑，对魏忠贤还抱有一定幻想。他不是看不到客、魏坐大之势，但总想以“调停”的办法来解决问题，不想与之发生正面冲突。而对刘一璟的困境，则采取冷眼旁观态度，尤其在这个时候，更不想出手相救。

他还有一个门生叫缪昌期，比他清醒，跑去劝说道：“刘一璟乃国之栋梁，如何能坐视其被逐？宫中诏令，可不必听。”

叶向高问道：“天子有诏，怎能不听？”

缪昌期疾言道：“师翁如能出面一争，则局面可为之一变，且可挫魏阉气焰。如听之，则矫诏一次，去国家重臣一次，他日又如何收场？”

一番话说得叶阁老默然无语。

后来他终于去说了情，天启也表示了一定程度的慰留。但刘一璟的心凉透了，坚卧不起，连上十二道疏求去。

魏忠贤的意思，是只要他走了就好，于是在批红时也做了一点让步。事情拖到天启二年（1622）三月，刘一璟总算是体面地致仕了。

刘一璟的离职，后世有评价说，这是东林党与魏忠贤争斗中的第一次惨重失败，对天启后期的政局影响甚大。

刘一璟是顾命大臣，威望极高，此次不过是魏阉方面几个小丑出手，就把他给撵走了，这无疑大长了阉党的志气。过去，魏忠贤还不大敢挑战内阁，如今，他已开始酝酿，下一步要全面控制内阁了。

当然，阉党也并非一帆风顺。沈㴶作为阁臣，被刑部尚书王纪点名责骂，老脸丢尽，他马上就进行报复，把王纪牵进辽东经略熊廷弼冤案中，导致王纪被削籍为民。

这样为非作歹，朝议对沈潅就愈加不利。

叶向高此时也认识到刘一璟是个君子，霍维华说的那些都毫无根据，于是想为刘一璟出一口气，他很巧妙地对天启说，沈潅与王纪互相攻击，均失大臣体，如今只斥逐王纪，如何向公论交代?

首辅有了这样的说法，就意味着：沈潅的板凳也坐不稳了。另有阁老朱国祚也以相似理由求去，认为自己不能与沈潅这样的家伙做同僚。人际关系搞得这样僵，沈潅只好求去。在刘一璟走后，他也离开了。

沈潅回到家乡湖州后，过了一年就死了。他这是走得好也死得好，毕竟活着的时候还保住了体面，没有等到后来被崇祯皇帝追究。

就在刘一璟离去的同时，东林党的另一员大将、吏部尚书周嘉谟，也被阉党逼走。

在其中起重要作用的，还是那个小角色——兵科给事中霍维华。

这个霍维华，是北直隶东光（今河北省东光县）人，万历四十一年（1613）的进士，曾任金坛、吴江县令。应该说，他在做吴江县令的时候，还是个挺有良心的好官。他发觉地方上的徭役有轻有重，富户与穷人苦乐不均，便率属下对各乡地亩逐一清查，编造图册，防止隐瞒或遗漏徭役，并除掉了酷吏，以减轻百姓的赋税负担。

变化是从泰昌元年（1620）开始的。霍维华有个内弟叫陆荩

（jìn）臣，在宫里当宦官。通过陆荩臣的引荐，霍维华认识了魏忠贤。此后，这个原模范县令就以一个恶徒的面目，出现在历史上了。

当年魏忠贤与王体乾达成交易，要干掉王安。这中间需要走一个程序，即外廷要有一个人出面弹劾王安，阉党再通过矫诏或进谗言的办法，把王安贬黜。

王安是一位老资格太监，在外廷要找一个人来参他，很难，几乎没有人愿意出头。

恰在此时，陆荩臣听到消息，就来鼓动霍维华下水。

霍维华权衡了一下利弊，两眼一闭，跳了下去。因此说王安的死，与他也有关。东林党人对霍维华既恨又蔑视，搞得霍在外廷无路可走，只能死命地靠住魏忠贤。

吏部的人对霍维华也不屑，找个机会把他给外放了，升任陕西按察司佥事（助理）。这一调动很巧妙，也可以说是整他，也可以说是正常升迁。

霍维华当然只有一种看法，他毫不含糊地认为，这是东林党的阁臣刘一璟和吏部尚书周嘉谟在搞他。

事实也是如此。这个周嘉谟，确实是个容不得小人的正人君子。他和杨涟一样，也是泰昌、天启两代皇帝登基时的护佑者，在两次危机中立过大功。泰昌以来，他大量起复在万历年间因“争国本”而被罢官的正直人士，一面对“三党”官员施加压力，把他们大部分逼走。

至于调走霍维华，不过是小菜一碟，他不认为霍维华算个什么人物。

但是，这一动，却激怒了魏忠贤。那时外廷里肯不要脸依附魏忠贤的人，很少，霍是一个，如果调到了陕西，等于断了魏在外廷的一条线。

这不是打狗欺主吗？魏忠贤决定反击。

于是他暗中嘱咐给事中孙杰，弹劾周嘉谟，说他朋比辅臣，受刘一璟指使，图谋为王安复仇。同时，还弹劾周嘉谟举荐辽东巡抚袁应泰、监军佥事佟卜年失察，导致辽阳失陷。

需要说明的是，那一时期对后金作战失利，确实跟袁应泰指挥无方有关，袁本人也战死沙场；但是任用袁应泰的，是前首辅方从哲，跟周嘉谟没有什么关系。

所以这两条，都是诬陷。但是天启并未申斥孙杰，这就意味着，皇上认为事出有因。周嘉谟感到名誉受到损害，愤而提出辞呈。

魏忠贤还是那一招，矫诏：同意你的请求，走人吧你！

就这样，一个堂堂部院大吏，竟不能自保。天启元年（1621）十二月，一手开创了“众正盈朝”局面的周嘉谟，就这样很窝囊地走了。

三党的失地，由魏忠贤逐一来收复，这个诡奇局面，时人谁也没料到。小人们的额头，又开始放光了——他们看到了一个拯救者！

到天启二年（1622）中，魏忠贤的阉党已渐渐有了一点儿模样，网罗到了一些重量级人物。与书生气十足的东林党阵营比起来，阉党倒更像是一个政治派别。

这两派势力，都渗透在有关的朝廷机构中，其主要人物都同样受到天启的信任，而且从整体来看，东林党把持的机构还要更多一些。但是由于两派的组织结构和斗争路数很不一样，所以阉党得势与东林失利，应该说是必然的。

首先阉党有一个强势团队，其决策与行动步骤，都控制在以客、魏为首的核心手里，大小爪牙都要经过授意才发动攻击。他们对所有的事，都是先经分析判断，再定决策，所以无论是在扩张上，还是定点清除上，都显得很有计划。

且阉党的进攻没有什么道德约束，可以无中生有、信口雌黄，一切以扳倒对方为最高原则。这等于是泼粪战术，对于正人君子来说，最难应付。

反观东林党，则是一盘散沙。人数虽众，步调却很不一致。往往是受到攻击后，才仓促上阵，各自为战。东林党人又素来标榜清流、正派、无私，因此在同伴遭到攻击时，有人为避嫌，竟不能出手相救；甚至在局部问题上，还会出现自相残杀的现象，令亲者痛仇者快。

此外，还有一大不幸是，作为东林党首脑人物的叶向高，是一个圆滑官僚，既缺少战略眼光，也没有霹雳手段，一厢情愿地以调停作为主策略，错失了决胜的最佳机会。更重要的是，他由于转折时刻在家赋闲，没有机会参与移宫案的护驾行动，在天启那里分量不够，这也使得他做事不免缩手缩脚。

在魏忠贤咄咄逼人的攻势面前，东林党人没有想出任何有效的反制策略，只是希望皇帝能秉公裁断。可是，批红权是掌握在魏忠贤手里的，所谓“上裁”，基本等于魏矫诏。因此，东林人士一遇攻击，就只能求去，以无私而示天下。看起来是捍卫了自己的名誉，实质上是无抵抗地败退下去。

这样的仗，打起来是很窝囊的。

偏巧东林党遇到的，又是一个永不言和的狠角色。

天启二年（1622）中，沈潅走了以后，魏忠贤由于已尝到过内阁有人的甜头，一下觉得很不适应，在内阁里没了耳目，做什么都不方便。于是就考虑，如何才能再打进几个楔子。

老天也真是帮他，想什么就来什么。这一年的十二月，内阁首辅叶向高上疏，请求增补阁臣。

这时的内阁，除叶向高之外，尚有韩爌、何宗彦、朱国祚、史继偕等人。按照明朝惯例，只有独相——内阁仅剩一个人，才是不正常的，两人以上就算正常。因此现在的人数并不算少，完全可以不补。

不知叶阁老脑袋里转了哪一根筋，就在这不恰当的时候，给魏忠贤提供了一个机会。

魏忠贤当然不会放过这个机会，立刻对天启阐述了一通可行性论证。

天启办事是不过脑子的，魏爱卿说行，那就行吧。他下诏，让有关大臣参与廷推，讨论出一个候选名单，他本人再从中挑选。这是一个特别的选官方式，介于会推和简任之间。

魏忠贤马上展开活动，以便让自己的爪牙也能列入名单。

大臣们议好的名单上来了，依次是孙慎行、盛以弘、朱国桢、顾秉谦、朱延禧、魏广微。

这里边，打头的孙慎行、盛以弘是东林党的，后面的顾、魏二人是阉党人物。孙慎行为官清正，备受阉党的敌视，在七月里刚刚告病还乡，属于“在籍”（保留公职）人士。这次仍高票当选，可见公道自在人心。

这样一来，阉党的提名就有可能白提了，因为皇帝的任命要充分尊重众议，按次序，从排名靠前的人当中选几个。魏忠贤一听这结果，急了，马上就去找天启忽悠。

天启天天跟魏忠贤玩，已经习惯了言听计从，相当配合。果然，天启三年（1623）正月十八日，任命书下来了：前三个落榜，后三个入阁！

世上的事，古今皆同。荒诞不荒诞，就看入选名单。

这嬉皮皇帝的作风，就是不一样啊！倒是魏忠贤怕舆论太大，建议把他认为“不作恶”的东林党人朱国桢也补进来，以防人之口。

叶向高顿时目瞪口呆：怎么会这样？

他连上两疏，要求天启按照大明祖制，按次序先任用孙慎行、盛以弘。

天启没理他，祖制又怎样，你能让老祖宗从南京孝陵里爬起来吗？不能。那么我就说了算！叶阁老，很多问题你还不明白，大明的国号还是大明，可是很多东西都已蜕变了。祖制，不就是一些纸上的字吗？

他传谕外廷：不许再就此事上奏，否则重治！

顾秉谦、魏广微这两个家伙，是公认的庸劣无耻之徒。他们俩和沈潅还不大一样，沈潅与魏忠贤是互相勾结，有点呼朋引类的意思（对客氏都可以资源共享）。而顾、魏两人，则是地道的奴仆。这两人当了阁臣，魏忠贤插手外廷才算真正成功了。所谓的阉党，到此也才算是初步成型。

这时候的魏忠贤，对于将来如何全面控制朝政，已有了较为清晰的蓝图。其实，摆在他那种高位上，傻子也会聪明三分。

将两个楔子打入内阁后，天启三年（1623）二月，魏忠贤又把天启忽悠好了，开始把触角伸向边军。他借口为皇上了解第一手边情，派死党刘朝（跟他一起盗宝的那位）率领四十五人，持甲杖、弓矢、白银、布匹，来到山海关犒赏将士，了解军情。

大学士、督师孙承宗是天启的老师，为人正直而有计谋。他上疏劝阻说：太监观兵，自古有戒。将领、士卒只顾着逢迎这些太监，必然放松边防。如果这一批来的人无法阻止了，那么也应下不为例。

天启对此，照样不理。

魏忠贤此举，是在向天下示威——他的威权已高到了一定的程度。

就在这个月，经过魏忠贤的活动，被贬在外的陕西按察司使郭巩，奉召回朝，恢复了原来的给事中职务。

郭巩投桃报李，回来后，立即上疏弹劾熊廷弼，并连带攻击曾经荐举过熊廷弼的人。御史周宗建愤而反击，说郭巩这是在“阿附权珰”。两人互相辩驳，话越说越激烈，把魏忠贤等人完全牵扯了进来。

天启的反应比较迟钝，没有就此事发话。

魏忠贤这时地位已稳，本不怕一个小小的御史说三道四。但是，他为了激怒天启，要给周宗建以惩罚，就带着几个太监到天启面前哭诉。魏忠贤年轻时喜欢文艺，到现在也还很善于演戏。

他泪流满面，捶胸不止，请皇上允许他剃发出家。

天启终于被这眼泪所打动，怒而下诏，切责周宗建胡说八道，准备动用杖刑处罚。叶向高等人闻讯，都吃了一惊，连忙上疏说情才得以免。

紧跟着，又有御史方大任上疏，揭发魏忠贤在西山碧云寺预建坟墓，其制度超越皇陵。这样的事，在古代是一定要杀头的，但是天启也不理。

这次对魏忠贤的攻势，是东林党人近年来比较激烈的一次，但是完全不起作用。相反，从这件事后，凡有廷臣攻击魏忠贤的，天启都要发怒。他的态度，已经明显倒向阉党，对东林党人越来越无情了。

天启三年（1623）十二月，魏忠贤更上一层楼，受命提督东厂。此时他的权势之大，在朝中已无人能比。他是实际上的司礼监首席太监，同时又提督东厂，有了直接的侦察、生杀之权。由于东厂是直接受命于皇帝的特务机关，除皇帝以外的任何人都在其监视之下，这就意味着，全国任何一个角落，今后都将处于魏忠贤的监控之下。

魏忠贤受天启宠信已有三年，天启到今天才把这个权力给他，一是说明天启并不是完全没脑子，他一直在考验和观察魏的忠诚度，非常慎重地对待此事。二是说明到如今，天启对魏忠贤已完全放心，准备把整个大明朝都交给魏忠贤来管理了。

而天启自己，则可以尽情地玩游戏。

《明史》上说：“当此之时，内外大权一归忠贤。”在这个节点上，天启还特地为他赐名“忠贤”。魏忠贤到此时，才以这个名字行世，以前一直叫魏进忠。

同时，他也有了一个字，叫作“完吾”，不知道是哪个拍马屁的文官替他取的。完吾，就是要做克己复礼的完人，可见胸中的格局不小。

有明一代，像正德皇帝那样胡闹的昏君，尚不能容忍大权旁落，天启则完全不把皇权旁落当回事。在魏忠贤开内操之后，御史刘之凤曾上疏发问：“假令刘瑾拥甲士三千，能束手就擒乎？”就差一点儿没把话说白了，但天启根本不听。这个傻皇帝，假如能活得长久，还真难预料能发生什么事。

当时的局势，对东林党来说，已是黑云压城。连叶向高也察觉到了危机正在增长，魏忠贤下一个定点清除的目标，就该是叶自己了。刘一璟走后，内阁补进来的是两个阉党之奴，叶阁老孤掌难鸣，这时候才深悔：不该不听缪昌期的话。

刘一璟刚离开时，叶阁老还有幻想，盼望天启的气一消，就会召回刘一璟。现在他明白了：只要魏大珰在，刘一璟就绝无回京的可能。

唇亡齿寒啊，一向温暾的叶阁老，也有些愤怒了。他上疏皇帝，质问道：“客氏出宫，尚可以去而复来，顾命大臣难道还不如一个保姆？”

魏忠贤知道这是在挖苦他，心里一阵冷笑，当即就把叶向高定为下一个打击目标。

但在当时，内阁还有韩爌，吏部还有赵南星，魏忠贤有所忌惮，只能伺机而动。

——等着吧，剩下的这几个，早晚也要收拾掉！

第十六章 杨涟豁出性命的孤注一掷

天启四年（1624），这是个注定载入史册的年份，大风起兮，四海不宁。对于大明朝廷的三大政治势力——皇帝、阉党和东林党来说，这一年的开始，不是什么好兆头。

年初一，长兴县的民众起事，烧县署，杀县官，四海为之震动。

二月，日赤无光，天气异常，华北一带地震，连皇帝住的乾清宫也摇摇晃晃。天启受了惊吓，竟害起病来。

三月，杭州兵变。五月，福州又兵变。

魏忠贤方面，上一年渗透外廷大获成功，一口气连扫东林多员大将。蚁附于他的一帮干儿干孙们见老大实力可观，都想借这尊神荡平东林，于是纷纷吓唬他："东林将害翁!"

魏忠贤做贼心虚，知道东林党已视自己为死敌，深恐遭到反弹。细数朝中，仍有叶向高、韩爌主持内阁，邹元标、赵南星、高攀龙把持部院，左光斗、魏大中、黄尊素当道言路，哪个不是对他虎视眈眈?

东林党这面，眼睁睁看着魏忠贤羽翼已成，权势远胜过正德时期的刘瑾，内又有客氏相助，依恃上宠，力可拔山，怎能不忧心忡忡？眼看再退让的话，就是全线崩溃；但是想要反击的话，强弱早已易势，胜负很难料。

不管对哪一方来说，成败兴衰，必有一战。

双方蓄势已久，到天启四年（1624）中，终于一触即发！

事起吏科的一次人事调动。

二月，吏科都给事中程注年，任期已满，要升至另一职位。吏科的这个官职很重要，是人事部门监察组的总头儿，明朝时俗称“科长”。品级不高，权力极大，在官吏任免上有举足轻重的发言权。

程科长一走，空缺应按照职务次序，由给事中刘宏化接替。如果刘能够正常接替，则一天阴霾化为乌有，两派恶斗不至于这么早就爆发。不巧的是，刘宏化此时正遇到父丧，在外地出差路上，直接就回家守孝去了（丁忧）。此后，须离职三年，他做不成这科长了。

左佥都御史左光斗，马上把这消息通知了同乡好友阮大铖（chéng）。阮此时也不在京，正在老家探亲，按接替次序，是应由他来顶上。

阮大铖字圆海，怀宁（今安徽省怀宁县）人，万历年间的进士，属东林一系，和左光斗、魏大中的关系都甚好，但为人浮躁，官瘾比较大，名声不是太好。在家乡一接到消息，未等假满，就风尘仆仆赶回京城。

但阴差阳错，事情有了变化。吏部尚书赵南星、刑部右侍郎高攀龙、都察院左副都御史杨涟，三个人都对这个人选持有异议。因为本年稍后将有一次例行的京察，在京察中，吏科都给事中的作用举足轻重，而阮大铖此人，显然不是合适人选。

官员调动，还是赵南星说了算。于是他另选了性格刚直的工科给事中周士朴，来担任这个关键职务；而准备让阮大铖平调至工科，顶替周士朴调走后的空缺。

但是天启没有批准这个推荐人选。后来有史家认为，这是因为阮大铖没有升成官，愤而投靠魏忠贤，从中作了梗。

事实上，阮大铖此时与魏忠贤，还没有什么瓜葛（想投靠也不会这么快就见效）。

周士朴的受阻，另有原因。在天启三年（1623），周曾多次上疏，攻击苏杭织造（太监）李实侵权，以内侍身份干预地方行政。当年六月，还曾发生过千余名宦官喧闹工部大堂，为索取冬衣而侮辱工部尚书钟羽正的事件。那一次，正是周士朴上疏斥责宦官跋扈，为钟羽正鸣不平。

这两件事，足以惹恼魏忠贤。在魏的鼓动之下，天启把吏部意见留中，不予答复。

吏部见皇上迟迟没有发话，知道周士朴不合上意，没办法，只好又推荐阮大铖。

这次批复得很快，但阮大铖得不偿失，因为这么一折腾，全天下都知道他阮大铖实际上是不够格的。几乎所有的人都一致认定：从这次蹊跷的任命过程来看，这家伙一定是投靠了阉党。

阮大铖因得官而名誉扫地，当然不能自安——以东林分子而投靠阉党，这比小人还卑鄙！当朝官员就是再坏，也多少要点儿脸，假如名声太臭，一般是干不下去的。像前面提到的沈漼，贵为阁老，最初与魏忠贤交结时，也不敢公开化，只能偷偷摸摸进行。至于阉党的公开化，那还是在后来势力独大之后。

众口铄金的压力太大了！任职还不到一个月，阮大铖终于顶不住，请假回乡了，这个位置又空了起来。

赵南星考虑到下次京察，将是与阉党的一场恶战，吏科的领军人物应该是一个硬骨头，于是又推出礼科左给事中魏大中，来顶这个空缺。

魏大中，字孔时，号廓园，嘉善（今浙江省嘉善县）人。年轻时，他曾受业于高攀龙，万历四十四年（1616）中的进士。他出身贫寒，生活简朴，一贯注重名节。中了进士之后，还经常徒步去拜访客人。在“行人司”（掌传旨、册封、抚谕等）任职时，奉旨出使藩国或到各地慰问，都不惊扰地方。他在京中任职，却不带眷属，家中只有两个老仆伺候。人一上班，家门就紧锁。想对他行贿的人，都畏惧他的清正，谁也不敢上门。

天启二年（1622），他曾经两次与周朝瑞上疏弹劾沈漼，内容涉及客、魏，阉党对他相当记恨。

吏部尚书赵南星很欣赏他的为人，常与之议事。魏大中也经常趁机向赵推荐正直人士，因而他在东林党内威望很高。由于他写的奏疏逻辑严密，条理清晰，就连三党人物也不得不表示佩服。

阮大铖在家乡，听说是魏大中来接了他的职位，更加窝火，疑心是高攀龙、左光斗、魏大中几个人在联手搞鬼。他痛定思痛，决定与东林诸人反目，从此投降阉党，出这一口恶气！

但是倒戈也得有门路才行，阮大铖找到了好友、刑科给事中傅櫆（kuí）。傅櫆前不久因意见不合与东林交恶，投靠了阉党，还和魏忠贤的外甥傅应星认了同宗，称兄道弟。

这条路，果然一走就通。

当然，后来也有人认为，阮大铖与东林反目不假，但并未实质性地投靠阉党。他日后被崇祯列入逆案，是东林烈士子弟恨其无行，强行将他扯入的。这可以聊备一说，但是，阮大铖在这个微妙时刻的所为，确实是极不利于东林党的。

也许是受阮大铖的情绪感染，傅櫆决定向魏大中这个东林老顽固下狠手了。

恰在此时，东林党的内讧又加快引燃了导火索。东林党并不是一个严密的组织，只是一批观点接近的官员声气相通，而不是铁板一块。在他们内部，因地缘关系，形成了一些小派别，彼此有亲疏上的不同。

魏大中曾经有一次上疏，驳斥过浙江巡抚刘一焜。刘是江西人，结果这一来，得罪了所有江西籍的东林党人。他们不顾大局，群起而维护老乡的利益，对魏大中颇有烦言。

江西籍官员章允儒，与傅櫆是同事，听说傅櫆要上本参魏大中，就极力怂恿傅櫆赶快参。

有人给壮胆，傅櫆信心大增，于四月二十一日上疏弹劾魏大中。为了让魏忠贤高兴，他还把左光斗也扯了进去。

这个疏本，指责左、魏二人貌丑心险，表里不一，道德有亏。最有力的证据，就是勾结中书舍人汪文言，干乱朝政。

这个汪文言，是个很活跃的人物，官职不高，能量却很大。

傅櫆说他本名为汪守泰，原为南直隶徽州府歙县（今安徽省歙县）一名库吏，因监守自盗被判遣戍，后来脱逃来到京师，改了名字，投奔在王安门下。傅櫆还揭发说，左光斗明知汪文言的丑史，却为之隐瞒，引为心腹。魏大中更是拿钱供着他，让他招摇过市，招权纳贿。现在，左、魏二人口口声声要搞倒“权珰”，不过是以攻权珰为名，结党营私。说他们二人把持选拔官吏的大权，能升官的人全是出自旁门左道，正人君子备受压迫。长此以往的话，必将祸国乱政。

奏疏上提到的这个汪文言，立即被推到了舆论前台。

汪文言的履历，是否真如傅櫆所说，不可考。可以弄清楚的是，汪文言本是一布衣，当过“门子”（官衙勤务差役，而非守门人）。因为门子是个贱役，没有前途，所以汪文言隐瞒了自己的历史，来到东林党官员于玉立的门下，当了书吏，于玉立被贬官后，隐居家乡，不知京中情况，就派汪文言进京了解动向，还为汪文言捐了个监生，以利于活动。

汪文言慷慨仗义，机灵能干，活动能力极强，加上又有于玉立的举荐，所以很快就和东林高层过从甚密。

他还结识了时任东宫伴读的王安，王安对他的才学很钦佩。他在王安面前，经常大言炎炎，品评人物，引得王安更是刮目相看。

那时正是万历末期，东林党倒运的时候，正人君子被邪党驱逐一空。

汪文言偏就看好东林党，使出了一套纵横术，在齐、楚、浙三党之间“用间”，也就是散布谣言，施离间计。弄得三党人士疑神疑鬼，彼此猜忌，在内讧中丧失了战斗力。

移宫案前后，汪文言奔走于王安与廷臣之间，起到了联络人的作用，为护驾也是间接立过功的。东林党人对他很赞赏，不少人将他引为知己。

而三党回过味儿来之后，当然对汪文言恨之入骨。堂堂朝士，竟被一个小角色玩了个团团转！大家就都憋着劲要整死他。

天启元年（1621）九月，王安被害。汪文言骤失政治屏障，立刻就有顺天府丞邵辅忠，出面来弹劾他，导致他丢了监生身份。汪文言见势不好，赶紧开溜，哪知一出北京城，又被御史梁梦环弹劾，被逮下狱。好在那时东林党势大，他在监狱中，并没吃多大苦头。

折腾了一回，最终还是无罪释放。汪文言锐气不减，玩得更欢了，跟公卿大佬们频频交游，一时门庭若市。

这颗政治新星，甚至还引起了首辅叶向高的瞩目，在请示了天启后，让汪文言当了内阁的中书舍人（内阁秘书，从七品）。韩爌、赵南星、杨涟、左光斗、魏大中等人，更是与他交情甚厚。

傅櫆这次决定向东林党发难，所选的两个目标都是硬派人物，因此能不能奏效，他心里不太有底。在他的弹劾疏中，把这个小小的汪文言拿来做突破口，是想打击对方的软肋——柿子要先拣软的捏，老官僚一般都深谙此道。

汪文言也确实活该在这一轮冲突中最先落马，因为成为“突破口”的一切因素，他都具备：官职低（帮他的人就少）、经历复杂（容易挑出毛病）、知名度高（打击他能收到震撼效果）、与东林党关系密切（恰好借此株连）。

拎出这个人来，是傅櫆经过精心考虑而做的选择。

据说，这背后是阮大铖出的主意，因为他与汪文言同是安徽人，最知汪的底细。另外也有史家认为，是魏忠贤及他的核心团队盯上了汪文言，早就想借他牵出东林的一大批人来，这次打击，就是由魏忠贤亲自授意。

这两种说法，在事实上都有可能。

但是这个精心策划的奏疏，起初在天启那里一点儿作用也没有。他根本看不出里面有什么名堂，也懒得动脑筋去想为何有这样一个无关痛痒的东西上来。平日里，廷臣们互相攻击的折子，他看得多了，不愿再做裁判了，就把傅櫆的奏疏交给司礼监去处理——爱怎么弄就怎么弄吧。

魏忠贤见到这份奏疏，大喜。他和外廷的爪牙冯铨、霍维华、杨维垣等人讨论了很久，才定下处理意见。几个人看过这个折子，认为并没有抓住左光斗、魏大中的要害，连"貌丑"也成了罪名，显然是强词夺理。如果就这样下诏，去处置左、魏，人心肯定会不服，容易生变。但汪文言不同，汪的问题太多了，最易攻倒。拿下了汪文言，再让汪自己咬出左、魏，然后治左、魏的罪，东林方面就不好说话了。

首战务求必胜，魏忠贤对这次出击非常谨慎。

于是，核心团队拟了一道中旨，以天启名义发下，将汪文言逮入锦衣卫诏狱鞫问，左光斗、魏大中则不予问罪。

但是左、魏无缘无故吃了这一记闷棍，当然不服。第二天，两人就分别上疏自辩，并大揭傅櫆之短。他们要让天启明白，傅櫆这么做究竟是何居心。

左光斗说，傅櫆的目的，就是要掀翻刚推举上来的吏部、吏科的几个“正人”。魏大中则怒斥傅櫆为“小人之尤”。

东林方面，已经意识到汪文言问题的严重性——这个口子，绝不能被撕开。一向稳重、温和的叶向高，采取了相当决然的态度，向天启提出辞呈，说：授予汪文言中书舍人的官职，是我一人的主张，倘若有罪，尽可罪臣一人，而稍宽其他人，以释宫府之嫌。

他提出辞职，当然不是真心，而是以退为进，提醒“宫府之间”也就是内廷体系和行政体系之间，已出现了嫌隙，请皇帝注意。

首辅的这个姿态，异乎寻常，天启这一回是看懂了。汪文言案涉及的几个人，不仅是朝中一派的重要人物，也是国家栋梁，犯不着为一个小吏和大臣们闹翻脸。于是，天启立即下诏挽留，完成了一个必要的过场，让叶向高不要三心二意。而对左光斗、魏大中自辩的批复，也是温言相劝，说他们心迹自明，还是安心从政为好。

皇帝的态度很明确：没你们什么事。

可是这一来，就苦了汪文言。他一个人在狱中，东林方面的人，现在谁也不好出面来营救，这情形就尴尬了。

叶向高稍微做了一点儿努力，上疏请求把汪文言移交给刑部审讯，想把他弄到自己控制的范围里来，免得出麻烦。但奏疏上去以后，没有下文。

左、魏二人一向珍惜名誉，当此之际，自然要矢口否认与汪文言有什么瓜葛。左光斗的自辩，说得很清楚：“臣官阶已高，不必借人延展美誉，何事要引汪文言为腹心？”把关系撇得一干二净。

但是，把汪文言扔在那儿不管，对东林党来说，也实在太危险。东林人士里有一位御史黄尊素，素有远虑，感觉情况不妙，便找到锦衣卫北镇抚司指挥使刘侨，关照他说："汪文言不足惜，不可借此案而移祸诸人。"

这是关键的底线：汪文言的死活都无所谓，但不可以在供词上牵连到廷臣——小人物玩政治，一般都难逃可悲的替罪羊下场。

刘侨与东林人士历来关系不错，当然愿意遵命。在他的操控下，汪文言的供词果然没有牵涉一人。明朝的司法这个东西，在某种意义上就是橡皮泥，怎么捏怎么是。

当魏忠贤拿到供状一看，愣住了：居然连汪本人，也没什么大不了的问题？

天启本来就对这案子不感兴趣，至于汪文言供词说了些什么，就更无所谓了。

这可把魏忠贤气得要吐血。精心策划的一场攻势，到了关键一环，竟然被人给轻松化解掉了！

老魏一时无计可施，只能鼓动天启下诏，把汪文言狠揍一百棍，出一口恶气再说。

没过几天，他又鼓动天启免了刘侨的职，让自己的走狗许显纯来接替——今后，可不能再有这样的疏漏了。

这次的汪案，旋起旋落，前后还不到十天时间，天启可能根本就没记住这个芝麻小官的名字。魏忠贤没能得手，好像也就算了，仅仅调整了锦衣卫的人事。

事情就这么过去了。

但是，东林党人却嗅到了不祥的气息。事情虽然了结，但“正人”之势日渐危险。

——他们担心得有道理。后来的事证明，这是老天最后一次照顾汪文言了。再起大狱时，岂止是他，更大的人物也难逃厄运！

魏忠贤现已成刘瑾第二，对东林党的彻底围剿旦夕即至。名列东林的官员们，现下有三条路可走：一是倒戈，但一般人绝不肯为。倒戈比中间人士的投靠还要可耻，没有人能背得起这样沉重的恶名。二是退隐，若不在朝中，受打击的可能性要大大减低。人在官场受到攻击，往往是因为你挡了人家的道。你若退休，让开这道，则人家的仇恨程度会大大降低。大不了削籍，撤销你官吏身份，但是性命可保。三是不作为，示敌以弱，换得安宁。但两派成见已深，树虽欲静，风不可止，最终可能还是个死。

东林党人既然自诩为君子，上面的三条路，就绝不能走。所以，他们从总体上看根本没有退让的意思。在他们的观念中，斧钺加颈，大不了一个碗大的疤。

这是一批信仰真孔孟的人，所为乃“舍生而取义者也”，宁愿好死，也不赖活着。

天启四年（1624）初的形势，实在让他们睡不着觉——魏忠贤操纵皇权的技巧越来越高，三党残余几乎全部投奔阉党，阉党之盛，很难看到它覆亡的可能。东林党的势力，只剩下几个孤零零的山头——吏部、都察院。可是这几个权力部门，怎能抗得过泰山压顶的皇权？

压力之大，令人窒息。因为皇权制度是刚性的，没有减压阀，所以天启四年的朝局就成了个压力超负荷的大锅炉。

五月，一个偶然的契机，明朝的政治锅炉轰然引爆了！

五月下旬，因为一件小事，天启对魏忠贤发了怒，令他出宫，在私宅中闭门思过。是因为什么事，不可考。总之，魏大珰也遇到了“伴君如伴虎”的问题。

机不可失啊！

时任都察院左副都御史的杨涟，决定出手了。

杨涟是个一触即发的刚烈汉子，起复回京以后，他已经几次险些忍不住了，忍到现在，不能再忍。他环视朝中，东林干将，走的走，未走的也因被弹劾而不好开口，内阁里说话还算有些分量的叶阁老，则对魏忠贤持怀柔态度，根本指望不上。

那么，我不下地狱，谁还能下？

他要给魏忠贤来一个猛击！博浪一椎，易水一别，志士千古立德，就在此一举。

他和左光斗、魏大中等一干人，商量了一番，左、魏都没有什么异议。杨涟确实是一位重量级的狙击手，他的优势有二：一是名望高，阉党反击起来比较难；二是皇帝对他非常信任，故有可能一击而中。

但是东林党中，也有人决不赞同杨大人去冒这个险。

御史李应升，头一个就不同意。他的看法是，杨涟身为东林重镇，是旗帜式的人物，不宜轻动，倘若一击不中，那就连个回旋的余地都没有了，东林势必土崩瓦解。还不如由他李应升来打头炮，万一失败，不过是牺牲一人，还不至于牵动全局。

老谋深算的黄尊素也不赞同，并且已预见到杨涟此举的严重后果。他对魏大中说：“若清君侧，必有内援，请问杨公可有？若此疏已发，则我辈死无葬身之地矣！”

以前嫌叶向高太过温情的缪昌期，也不赞成这个极端行为。他对左光斗说：“攻击内珰，成败只差呼吸之间。若一击不中，则国家随之败坏。今宫内无援手之内侍，外廷无主持之大臣，万难成功！”

没有内援，就无法离间天启与魏忠贤的关系，这确是此次行动的致命之处。李应升、黄尊素两人，显然是深谙宫廷争斗的老手，分析得不错。以前刘瑾倒台，是因为内廷发生了内讧，外廷借势而上，才办得到。真正能扳倒权阉的力量，须是他的同类。外廷的舆论，只不过是一个催化剂。

因此，杨涟此举的效果，不能不令人担忧。

听了几个人的话，左、魏二人的心情，不由也由晴转阴。

但是杨涟已欲罢不能。在东林的内部，也有温和派与激进派之分，如叶向高、黄尊素、邹元标等人，都是温和一路。但是，正因为他们温和，在激烈的党争中，话语权就不够强硬，甚至有人据此论证：叶向高根本就不能算东林一系。

杨涟则是个典型的激进派，他的好友曾把他比喻为“虎”。对魏忠贤这样的政治恶人，他早就恨不得食其肉、寝其皮。堂堂的国家精英，与这样无卵的小人周旋，就已是奇耻大辱了，更何况还要日日在他的威势下求生存！

天启二年（1622）回京后，杨涟就想面奏天启，请赐尚方剑诛杀魏忠贤。这在古代，叫作“请剑”，也就是豁出命来直谏，有他无我，与奸人赌一回命。但那次请剑，被亲友们苦苦劝住。

此次他也知道并不是最佳机会，但恶人可以作威作福，好人却要日日忍耐下去，天理又何在？自古的道理，都是说邪不压正，为何临到我辈，就要看恶人的脸色而苟活？

他不是不知道这是孤注一掷，他也不可能不知道后果难测，但是——

他说："此时不言，迨至逆谋已成，请剑何及？无使天下后世笑举朝无一有男子气！"

这就是杨涟，这就是万古的忠义！

今之学者有人认为，正是由于杨涟的冒进，才触动了魏忠贤的杀机，进而酿成惨祸。这观点当然可以商榷。另外，现在也有人总爱说，东林党天真、轻率，近乎白痴。这就太过偏颇了，不知为何要用这样的词语，来形容东林党人？

——明知其不可为而为之，难道就是迂执？

奸恶当道，有人甘愿将头颅一掷，说一声：我不服！这难道不是汉子？

正因为没胆抗争的人太多，正因为附逆谄媚的人太多，天启时期，才有豺狼狂奔于人间，歹徒奸贼阻挡于道。

如果众生全无血性，苟活就是真谛，则晚明政治的暗无天日，将不知何日方尽？

指责杨涟，也是要讲一点资格的！

天启四年（1624）六月初一，杨涟终于想好了，开始发动，把写好的奏疏由会极门递进宫内。文书房的宦官展卷一看，目瞪口呆。这道奏疏，共罗列了魏忠贤二十四大罪，其措辞之严厉、上疏人官职之高，都是前所未有。

高压之下，百鸟静音，此疏一出，则惊天撼地！

这是东林党人对魏忠贤发起的一次总攻。以今人眼光来看，所列罪状，无非是乱朝纲。其实，东林党的最高理想，就是忠君。这个忠君，并非愚忠，不是皇帝说啥就是啥，而是要维护皇权制度的正常化。

魏忠贤所为，确有伤天害理的事，但这不是主要的，主要的是他破坏了秩序。中国古代的皇权制度，从总体上说是专制的，但其细部运作规则，到明代已有相当开明与合理的程序。内阁首辅如果专权，尚且会引起激烈反弹，魏忠贤以太监身份专权，当然要为正直的廷臣所不容。

张居正专权，是为了“事功”，为了提高效率。翻译成现代语言，就是为了做好事、做实事。因此他能用正面理由压制住反弹。而魏忠贤的专权，则看不出正当性来，所以没有可以堵住人嘴的理由。

这一次东林党的反击，抓住的是他违反制度。这问题说得对不对，要由皇帝来裁判。

杨涟写好奏折后，本想趁早朝时，直接递给天启，以快打慢，让阉党措手不及，无从应对。这些罪状，一条两条打动不了皇上；二十四条，总能让皇上有所触动吧？只要天启下令，对其中任何一两个问题进行调查，事情就有胜算。

但是不巧，第二天皇上传旨免朝。

杨涟立刻陷入了两难状态。他写这疏，在东林内部已有一些人知道，他怕耽搁下来，会被东厂侦知，或有不测。于是杨涟决定，将奏疏按常规投入会极门，这里是京官上疏和接批复的地方。

可是，这就有一个致命的问题——魏忠贤专权以来，已经形成了一套文件收发程序，递进会极门的文件，很快就会到达魏忠贤和他的团队手里，皇帝是不会首先看到的。

这奏疏一进，魏忠贤马上就可以布置反扑，主动权立刻易位。

杨涟应该完全知道这个后果，但只能豁出去了！他估计魏忠贤还不敢把这折子压住，不让天启知道，只要奏疏在走程序，事情就还有可为。

为使事情更有把握，杨涟明知叶向高不同意他写这份奏疏，也还是不得不去见叶向高，争取他的支持。

杨涟对叶说："当今魏忠贤专权，国势衰落，叶公您为首辅大臣，应向皇上奏请，将魏忠贤杀皇子、嫔妃之事，按大逆处分，以清君侧。若现在不图，贻祸将大，国家置相又有何用？"

但是这个激将法，并没有生效。叶向高不愿意听这种话，只是说："我老迈，不惜以身报国。但倘若皇上不听，公等将置于何地呢？"

那个门生缪昌期，也跑来劝叶向高，不如趁热打铁也参上一本，一举扳倒魏忠贤。叶向高不愿意，只说是留着自己，万一形势逆转，还有人出面周旋，不致全军尽没。

实际是，叶阁老还看不出魏忠贤有那么坏。

与叶向高的态度相反，杨涟的奏疏一上，内容马上传出，满朝士人欢欣雀跃。

国子监的官员与千余学生，闻之拍手称快。转瞬之间，因众人争相传抄杨涟奏疏，京师竟一时洛阳纸贵！

南京方面也是满城哄传，"二十四大罪"家抄户诵。史载，民间的忠义之气，鼓畅一时。

这就是民意！

尽管民意往往要输给强权，但在关键时刻，它就是扭转乾坤的最大助动力。

民意之不可欺，道理就在这里。

有人高兴就有人哭，让我们来看看另一方的情况。

杨涟的奏疏，句句指实，任何一条追究起来，都能要魏大珰的脑袋。奏疏当然很快摆到了魏的面前，他让核心成员念给他听。

待身边太监战战兢兢念完，魏忠贤吓得面如土色，两手发抖，把奏疏抢过来，狠狠摔在地上，竟号啕大哭起来。

老贼终于知道了：匹夫发怒，也是不好惹的！

亲近的几个人赶紧安慰道："公公休怕，今谋逐走杨涟，便可无忧！"

唉！魏公公怎能无忧？杨涟奏疏，打的正是他的软肋。今春以来，天灾人祸，同时也是他魏忠贤大不顺的时候。他有一次策马在宫中飞驰，路过一座便殿，惊了圣驾。天启很恼火，张弓搭箭，一下就把他的坐骑射死。前不久，又因小事恼他，将他放归私宅思过。皇上的脸，说变就变，连个逻辑都没有，这都不是好兆头。

杨涟偏就选在君威难测之时，放出这一箭。

事情捂不住了，该如何周旋？内廷有他们几个核心成员在，可以设法忽悠皇上。而外廷完全没人帮着说话，也不行啊！

魏忠贤首先想到的是去求首辅叶向高，叶阁老终归与那些不要命的家伙有所不同。但是转念一想，不妥！叶向高固然不是东林激进派，但是以其三朝元老、当朝首辅的身份，清誉最为重要。

此次没跟着杨涟发难，已属难得，若想让他出头为自己说几句好话，怕是没门儿。

于是，他想到去求次辅韩爌。

之所以去求韩爌帮忙，老魏有他自己的考虑。首先，韩爌虽然也是个直性子，但毕竟不是东林党人。在红丸案中，人人都怀疑，是当时的首辅方从哲指使人害死了泰昌帝，唯有韩爌与杨涟坚持有一说一，为方从哲做了解脱。韩和东林党之间，有一定的距离，这就好说话些。

其二就是，叶向高迟早要去位，腾出来的位置，必属韩爌无疑。一个新任首辅，一般都希望在内廷有个合适的搭档，此时去求韩爌，晓之以利害，也许韩大人能出手相助。

小人度君子，除了拿利益标准来衡量，就不知世间还有所谓正义在。魏忠贤万想不到，在韩爌那儿碰了个灰头土脸！

当日，魏忠贤放低了身段，来到韩府，带着笑求道："韩公，非你不能止住众口，请公多留意。"

韩爌一口回绝："非也，吾不能！祸由公公自身起，还请自便。"

阉竖居然能求到自己府上来，韩爌觉得是受了奇耻大辱，没给他什么好脸色。

魏忠贤几乎当场被气晕。罢，罢！现在不是跟你老韩斗气的时候，他扭身就走。

可是，事急矣。火已燎到了眉毛上，又如何是好？

该死的杨涟振臂一呼，数日内，已有六部、都察院、科道大小官员群起响应。大到尚书，小到给事中，联名写本，交章弹劾。

文书房的桌子上，满桌都是，先后竟有一百余疏！

其时，群情激愤，切齿怒骂，各疏无不言语激切。

南京兵部尚书陈道亨，卧病在床多年，闻杨涟有疏，扼腕慨言：“国家安危，诚在此举。吾大臣不言，谁为言之！”第二日，就奋然到署，联络南京各部院九卿（各部院一把手），联名上奏，痛陈其罪。

朝野上下，同仇敌忾。

神州正气，已成烈火燎原之势。

在阉党一派中，也有挺不住的了，哀叹大势已去，竟有立即倒戈者，参奏起主子来了。其中，首推锦衣卫佥事陈居恭，他本是在杨涟奏疏中提到的阉党一员。杨涟说他是为魏忠贤鼓舌摇唇者也。结果，陈居恭在惊恐之中，惧于众议，也上疏参了魏忠贤一本。

天欲堕啊，奈何，奈何？

这边杨涟听说奏疏已落入魏忠贤之手，愈加激愤，于是预备起草第二封奏疏。等天启上朝，直接面奏，要求当面对质，看你更有何计？

当时东厂的耳目无孔不入。杨涟有了这个想法，并未很好地保密，外廷立刻哄传开，被东厂迅速侦知。

千钧一发，不容喘息！

魏忠贤及其亲信团队得报，立刻进入了紧急状态，谋划对策。他们在整个专权时期，险些翻船的时候就只这一次。几个人费尽心机，终于想出了一套办法。

首先，设法将皇上与大臣们暂时隔绝开来。

在杨涟上疏后，一连三天，魏忠贤想尽了法子忽悠天启，不让他视朝。

到第四天，皇帝不能不出来了。

一大早，众大臣列班站好，引颈等待皇帝出来。负责礼仪的鸿胪卿展自重，请示杨涟道："面奏当于何时？以便唱引。"这个司仪官，想要安排一下程序。

他的话音刚落，呼啦啦从里边拥出一群人来。众臣一看，不禁倒吸一口凉气。一百多名武阉，衣内裹甲，手执金瓜钢斧，拥帝而立，虎视眈眈注视着杨涟！

接着有值班太监传谕，令杨涟所站的左班御史诸臣，不得擅自出班奏事。

甲光耀眼，刀斧林立。看样子谁要是敢乱说乱动，立刻就得毙命刀下。

见到这个阵势，就连铁汉子杨涟也不禁目慑气夺，对众人说："姑且徐之。"还是改天再说吧。

明代文秉所撰《先拨志始》说，由此，阉党知道外廷不足畏，遂敢肆虐无度。

可惜，铮铮铁骨的杨公，也中了魏忠贤的招，痛失良机。我倒不相信杨大人会被刀斧所吓倒，估计他是考虑：如此严峻的阵势，其他人必不敢放言附和，他面奏的声势就会大打折扣，因此才决定徐图之。

但，机会只有这一次。

民气可用之时不拼死一搏，日久心散，正人君子就将为俎上鱼肉了！

阉党团队研究出的第二个办法是：一定要蒙蔽住皇上，让皇上发话压住对方。

就在阉党争取到的这三天时间里，为了忽悠天启，魏忠贤特地带着团队成员去求见。客氏知道事态严重，也跟着来了，站在一旁压阵。

一见到天启，魏忠贤马上跪下号啕大哭，好像在外边受了欺负的孩子。他鼻涕一把泪一把地说："外边有人百方要害奴婢，且毁谤万岁爷！"接着就叩头不止，请天启允他辞去东厂提督之职。

天启不知缘由，感到莫名其妙："前几天，有个姓沈的科道官，参你滥用立枷的事，你是怎么说的？"

天启还以为是魏大叔管东厂没经验，管出了麻烦。

魏忠贤支吾其词，憋了半天，才把杨涟参奏他的事说了出来。

"哦？"杨大胡子怎么会来这一手？天启很感兴趣，叫掌印太监王体乾，把杨涟奏疏念给他听。

注意，这是非常吊诡的一个细节——

天启在这个时候，为什么不自己看奏疏？

有史家认为，这是因为天启基本是个文盲，或者识字不多。但实际上，他在年幼时是上过学的，登极之后更是接受过豪华阵容的教育。有这三年半的高端熏陶，说他不大识字，是不客观的。

不亲自看文件，只不过是个习惯。让人家念，他听，听完了发谕旨。

几年来，天启一直就是这么问政的，阉党团队钻的就是这个空子。

王体乾煞有介事，捧起杨涟的奏疏，就大声朗读。这是考验心理素质的关键时刻，阉党全体的身家性命，都系于他一身——这家伙面不改色，把要害问题全部略过，只念了其中的枝节部分。

天启的思维，有一点儿不同于常人，但绝不是弱智，他听了一遍，觉得不对呀！这杨大胡子的奏疏，怎么净扣大帽子？

实质问题基本没有，空言讨伐，且言过其实。

天启听了个蒙头蒙脑，直眨眼睛。

客氏见事情有门儿，赶紧在一旁替魏忠贤辩冤。王体乾、李永贞、石元雅、涂文辅等，也轮番帮腔。

这一通“挺魏大合唱”，把天启给唱晕了。

平心而论，在这个问题上，天启在他所能得到的信息的前提下，还是动了一番脑筋的，处理得并不莽撞。

首先，他看魏忠贤这个委屈样子，觉得可怜。一个太监，天天在一起玩的，能有什么大错儿？不过是太受信任，引起了外廷的嫉妒。这样的奴才，能陪着开心，办事利落，又没什么大的野心，怎能让他离开？至于杨涟，古古怪怪的，最近好像有些犯糊涂，多少要敲打一下了，即便护驾有功，也不能随便打击人啊！

于是，很快就有上谕传出，好言好语对魏予以挽留。

听这口气，好像是家长劝诫子弟应该如何做人似的。

但是这里有个问题——杨涟上疏在前，至今还在留中；魏忠贤辞职在后，批复却先下来了。这个程序是颠倒的，不合规矩。

首辅叶向高在此时，采取了一点儿主动，他以此为理由上了一份揭帖，也就是不公开的小报告，请天启赶紧把杨涟奏疏发至内阁，由阁员讨论后，票拟处理意见。

他做的这个姿态非常有策略，对魏将如何处置，并没有态度，只是催促皇上按程序办事。只要把杨涟的奏疏发下内阁，他就可以视形势发展，定一个处理的基调了，或软或硬，可以到时候再看。这样一来，两方的势力都将对他寄予某种希望。

可惜，首辅大人的这点儿小权术，瞒不过客、魏。在天启那里过了关，下一步该怎么办，他们已经了然于心。

魏忠贤定下了一个方针，那就是稳住局面，各个击破，进而全面清洗。对东林党，他也看明白了，就是一伙怎么也软化不了的家伙，不赶尽杀绝，便永无宁日。

他知道，首辅大人这是要争取主动权，于是就一天三遍去忽悠天启，说这事情就不必阁老插手了吧，省得节外生枝。

天启也不愿再费脑筋了，就问，你说怎么办?

魏忠贤提议，杨涟杨大人就喜欢图个好名儿，听见风就是雨的，可不能让他们再闹了。这次让阁臣魏广微起草一道谕旨，把事情压下，就算了。

天启说，好！他们要是再闹怎么办?

魏忠贤当然有对策。

六月初五日，天启武装护卫上朝的点子，大概就是魏忠贤在这个前提下想出来的。

否则，天启并不是没脑子的人，怎么能随便让百名武阉跟着他上朝。他如果不明白这举动的意义，是不会糊里糊涂充当其中一个角色的。

魏广微受命拟旨，正中其下怀。此前，有东林赵南星三次拒见，现在又有杨涟上疏讥讽他“门生宰相”，看来他与东林的梁子算是结下了。东林既然不容人，他只有跟着魏公公干到底！

因为心里有气，所以草稿一挥而就。他不敢大意，又推敲再三，然后念给魏公公听。再根据魏公公的指点，略做修改，最后把稿子交给天启批准。

次日，杨涟的奏疏发下，并附有严旨切责——这一篇文章，做得简明扼要，里面透出一些很有意思的信息。

大约说了三层意思：一是，皇上我从来就没有大权旁落；二是，宫中的事都是道听途说；三是杨涟纯属无事生非，大家都不许再提了。

魏忠贤这一伙人，确实是揣摩透了天启的态度，严旨既没有给杨涟很严重地定性，只是说他“沽直”，想买个直谏的好名声；同时也对杨涟未予以处罚，不过是借机威慑廷臣一下。

严旨驳斥中，只提到了迫害后妃、皇子之事，别无其他。敢情王体乾最多只念了“二十四大罪”里的一至十条，其中涉及罢黜正直官员的部分，可能给王体乾吃掉了。否则，以天启的身份，对杨涟议论的人事问题不可能不驳。

这道圣旨没有多说（说多了也没理），只起到个表态作用，也就够了。大臣们知道了皇帝的态度，自然会住嘴，以后的事，再由着魏忠贤慢慢打理。

看来，就行政手段的熟练、策略的进退有据、文章修辞的严谨来说，阉党并不是白给的。

圣旨下来以后，舆论大哗。一方面群臣不服，弹劾魏忠贤的奏疏还在不断飞来；另一方面正直之士悲愤莫名，南京兵部尚书陈道亨叹道：“这是什么世道？这官还做它干吗？”

他立刻写了辞职疏，力辞而去。

东林党中的温和一派，则深为杨涟的失误而惋惜。据说，黄尊素看到杨涟的疏文抄件，跌足叹道："疏内多搜罗那些宫内风闻之事，正好授人口实！"

杨涟之所以提到后妃被迫害的事，估计是想用这个跟天启有切身利益的话题，来引起天启的警觉。但是做皇帝的，几乎都很忌讳外臣谈起"皇帝的家事"。就算是有这回事，也家丑不可外扬。

有这一层心理存在，杨涟的奏疏，当然很难取得天启的认同。

而且，魏忠贤果然也就是利用宫闱之事，对杨涟进行了反击。

这一仗，东林的攻势是失败了。虽然看起来，群臣说了那么多狠话，也不过是被皇上批评了一下，并没有什么实质性的损失，但是这件事标志着，靠舆论已经是扳不倒那位"大珰"了！

因此，大获全胜的应该是阉党。

就在"武装上朝"成功的那天下午，魏忠贤心情舒畅，特邀天启到南海子去玩。

一干人登上龙舟。伞盖之下，美酒加好茶，看水光潋滟，听箫鼓悠扬，端的是人间好世界。

歌舞看够了，魏忠贤又请皇上看练操。他亲执帅旗，调兵遣将。

岸上列队而出的数千武阉，衣甲鲜明，意气昂扬。听得魏爷爷一声号令，立刻炮声震天，鼙鼓动地，各路军马回环移动，变换阵形。

这群阉了的士兵，自认为与魏爷爷同病相怜。他们心目中的利益关系，非常好划分——阉了的，就是一家人。上午听说杨涟要面奏皇上，搞他们的魏爷爷，武阉们无不同仇敌忾，恨不得把杨胡子一口吃了。

看着这支精壮的队伍，没心没肺的天启只是乐：当皇帝的感觉，咋这么好?

操毕，天启一高兴，下令大赏三军。魏忠贤便趁机给自己来了一番表功，天启深许之，眷宠之意愈厚。

主子看奴才，越看越觉得乖巧，朝政的进一步败坏，还指望能避免吗?

第十七章 送上门来赴死的万郎中

却说东林一击未成，大家并没有马上消沉。不断有人到叶向高那里去劝说，希望能由他出面，再来一波攻击。

首辅若发话，皇上总要给点儿面子，要是打在了点子上，未尝不能取胜。

群臣来到叶府，向叶向高施加了不小的压力，但这位阁老有他的一定之规，他说："大洪（杨涟的字）奏疏，未免太草率。魏公公那人，在皇帝面前也是常有匡正之举的。比如有一次，鸟儿飞进宫里，皇上架了梯子打算去捉。魏公公死死挽住皇上衣服，不让皇上爬上去，说此举甚不合礼。又有一次，他看见皇上赐给小内侍一件绯衣（大红袍），就叱骂那小内侍：'绯衣是大臣服饰，便是皇上所赐，也不得用！'可见，魏公公也颇为认真，很难再有如此谨慎之人在皇上左右了。"

座中的缪昌期惊愕不已，倏然起身，正色道："是谁说了这话，来蒙骗师翁？这种人一定要杀！"

叶向高闻言，不禁语塞，脸色也大变。

那位缪昌期，据说是蒙古血统，人都六十多岁了，血性仍未泯，做事偶有异于汉人之处。他当时担任的是掌太子奏请、讲读的“左春坊谕德”，一个从五品的闲职。朝中斗争，多大的雨点，也砸不到他头上，但他偏不袖手，非要与阉党不共戴天。

有人将此事告诉了杨涟，杨涟对叶向高的模棱两可，也大为恼怒。

叶向高听说杨涟发了火，甚为不安，连忙给御史李应升写了封信，辩白自己并非对杨涟有恶意。

杨涟看到此信后，益发激愤，想把信的内容公之于众。后经缪昌期极力劝解，方才作罢。

在这次风波中，阉党一方几遭灭顶之灾，所以他们人人同仇，行动张弛有据，方不至于落败。而在东林方面，两大巨头意见不一。在朝中位置最高的叶向高，心存侥幸，不肯借势一击，以致东林一派的人心很快涣散。

两下里的较量，结局已不难预料。

叶向高与激进派不肯统一步调，是有历史原因的。从万历后期起，历任内阁首辅大都吸取了张居正死后遭清算的教训，不大愿意揽权。而六部从嘉靖年间起，被内阁压制已久，早就想伸张独立行政权。两个因素交合，导致相权比前代已有了很大削弱。

到了叶向高这里，由于他本人软弱，内阁就更是指挥不动吏部等有实力的大部了。

就在这一年的春天，吏部尚书赵南星整顿吏治，高攀龙附和，一时间大刀阔斧，任免官员根本就不跟内阁打招呼。叶向高相当不满，便托病不出，任由赵南星去碰壁，决不施以援手。

此次攻魏也是同样，杨涟事先跟东林一派的左光斗、魏大中、李应升等，都进行过商议，唯独不跟首辅过话。叶向高也自觉很没面子。

两拨人在策略上有了裂隙，叶向高就故意在对魏立场上后退了一步，不主张将魏一棒子打死。他算准了杨涟此次出击，确实够魏忠贤喝一壶的，但一定不会达到预期效果，于是就作壁上观，只等形势一变，好由他出手来收拾局面。

因此，他当时把“主调停”的调子唱得老高，就是在为下一步做铺垫。

杨涟上疏十天后，朝中风波略有平息，从表面看，东林与阉党双方是僵住了。叶向高认为自己出面的时候到了。

六月十一日，由他领衔，全体阁臣联名奏了一本。奏疏的前半部分，把魏忠贤的政绩夸了一通，然后提出一个暗藏机锋的建议：“陛下诚念魏忠贤，当设法保全之。不如允其所请，暂且放归私宅，权作避嫌，以安中外之心。中外之心既安，则魏忠贤亦安。”

这个折子的要害，是要让魏忠贤去位。前面的那一番恭维，全都是下套。

看到这个史料，很是让人奇怪：这样一个别有用心的奏疏，是怎么取得内阁两派人物一致同意的？

韩爌、朱国祚等人好说，他们明白这是变相的“驱魏”，而顾秉谦、魏广微二人怎么能够同意？

只有一个可能：按照明朝内阁的惯例，所谓联名，是无须事先征求署名者意见的，首辅想要大家联名，就是打个招呼而已。

都是同僚，一般都给这个面子。

私下里，这两员阉党大将，恐怕早就把叶向高上疏的意图，给魏公公分析透了。

叶向高在这里，使用了标准的调停手段。在他的观念里，如果上疏如愿以偿，那么一切危机将全部消解。魏公公自去养尊处优，朝政大权还给内阁。

不要小看所谓放归私宅，这是对大太监的莫大恩典。明朝的皇帝怕宦官退休后，回到乡里什么都讲，泄露宫廷机密，所以年老的宦官都统一养在皇城周围的寺庙里，集体养老，不得回乡与家人团聚。

可是，天启和魏忠贤，都是不按照牌理出牌的人，一个是年轻人，一个是无知者，他们和叶向高的思路全不搭界。

天启觉得叶向高出了个馊主意——老魏怎么能走？

魏忠贤则把叶向高的意图品了又品，发觉老奸巨猾的家伙原来是他！

让我回私宅养尊处优，那不是等于剥夺了权力？人一失权，还不是任人宰割？那时候一个小小的衙役就能把我给收拾了，哪里还能有一万名武阉为我保驾？

叶！向！高！

——你很阴啊！

如果说，此前魏忠贤出于顾忌或从大局考虑，还没把叶向高视为敌人，而是把他列入了笼络对象，多少保持了表面的尊重，而从这一刻起，首辅的名字就上了老魏的黑名单。

魏忠贤的反击来得很迅速，叶之图谋，必须瓦解。他授意爪牙徐大化矫诏，以皇帝名义为魏忠贤做了一个肯定性的总结，然后，作为对叶向高联名奏疏的批复，一并发下。

这个批复说：不是让你到我这儿来调停，而是让你去廷臣那儿去调停。这事情，说好了不许再说的，为何还要说？叶阁老，你太低估了某人的智力！

因为奏疏是联名的，署名人还包括了两名阉党，所以批复的语气还算比较温和。但是里面透露给叶向高的，却是一个重重的警告。

叶向高千算万算，没想到是这么个结果。皇上也好，魏忠贤也好，一点儿面子没给他留，劈头盖脸就是一顿驳斥。

这样一来，叶向高一下就没有什么转身的余地了。明朝的高层机制，就是“皇帝—大太监—首辅”这“三驾马车”联动，首辅若失去了皇帝和大太监的支持，别想干出什么名堂来。

叶向高之所以对局势持温和态度，关键的时候上疏调停，说明他还抱有将来操纵全局的野心。而现在，一切落空，只余下退隐一途。可是如果就现在这个样子退隐，等于放弃了防护层。魏忠贤既然对他叶向高有了怨恨，就随时有可能翻老账。在台上的人，若想整治一个下了台的首辅，就跟抓一只兔子差不多。

叶阁老想想，就觉不寒而栗啊！

本来是逼人家下野，现在倒是自己要考虑下野之后的问题了，造化真是弄人！叶阁老“调停”不成，反而惹了一身骚。

他有什么办法可以化解或减弱魏公公对他的怨恨呢？

时过不久，京城士林里忽然传出一个说法。说是这个劾魏忠贤下野的奏疏，其实是叶阁老被自己的门生缪昌期逼迫不过，勉强写出来应付舆论的。

这个说法，在流传过程中又逐渐衍化为：不仅如此，就连杨涟的奏疏也是由缪昌期代笔的。

缪昌期，字当时，南直隶常州府江阴县（今江苏省江阴市）人。年轻时就有文名，但一直到万历四十一年（1613）才中进士，那年他已五十二岁，主考官是叶向高。他做了官后，经常来往于师门，但对叶的软弱却屡有不恭。

他成了这两个传说的主角，又没有什么人出来纠正。传得多了，也就成了板上钉钉。可怜的老缪，后来竟为此付出了生命的代价。

据说，第一个说法就是叶阁老自己散布出来的，为的就是金蝉脱壳——让那个桀骜不驯的门生去挡灾吧！

人若做到这种地步，不要说士大夫骨气，就连"人"字的两画也当不起了。

所以，我不大相信叶向高会如此不堪，更何况，他后来对自己的软弱还是有所悔悟的。

京城的事情，也就如此了。由于古代信息传播的速度不快，南京方面众官员的反应，在一个月后才逐渐强烈起来，矛头均指向魏忠贤。可是所有的奏疏，被天启以所奏事情屡经论明，已有旨了，通通给压住。

东林党今后能否再次一击？不得而知。

而魏公公经此一劫，却是陡然起了杀心！

血，能使所有的人住嘴。这是太祖皇帝的经验，也是人性不堪一击的软肋。

老祖宗对这个已经屡试不爽，今天，我也要来试试。

就在这个时候，有两个小人物触发了历史的机栝，使得大明朝的高层政治，一下就充满了血腥气味。

历史发展中有许多这样的“蝴蝶效应”，此处一阵清风，彼处即起滔天大浪。

就在魏忠贤正考虑如何一劳永逸收拾东林党的时候，他的一个爪牙给他出了个主意。这是一个很见杀气的建议，就是可以动用杖刑，压服诸臣——谁再敢啰唣，就大棍伺候！

天启固然昏庸，但上台四年来，对文臣还是抱有起码尊重的，一次杖刑也没用过，比起嘉靖、万历等，要文明得多。

而今杖刑一开，必会死人，阉党们要开杀戒了！

提出这个恶毒建议的，谁也想不到，竟是个面目姣好的“小男儿”，他就是翰林院的编修冯铨。

这个冯铨，字振鹭，北直隶涿州（今河北省涿州市）人，后来成了阉党著名人物，而且政治履历横跨明末清初。一开始，他不过就是个普通的词臣。他是万历四十一年（1613）的进士，入仕后在翰林院供职。那时少年得志，正是可以大显身手当个“好男儿”的时候。

但老天既照顾他，又不照顾他，让他生了一副水做的胎子，唇红齿白，宛若处女。

这一来，冯铨可就倒了霉了。

明代官场上有恶习，那就是男风极盛。小冯铨长得少年貌美，岂不是等于一脚踩到了狼窝里？

这种事情，要是放到现在，立成爆炸性新闻。但在那时，也就是博大伙一笑，没人当回事儿。

那时候，缪昌期恰好在翰林院系统任“左谕德”，管太子读书的事情。老爷子也有好男色的毛病，史载，他对冯铨“狎之尤甚”。

咄！这叫什么事？

腐败之风，习以为常，也就没人上升到道德高度去看了，就连万历帝都养了好多男宠。明朝在这方面，厉害呀。

当然，这事也有另外的说法。有人说冯铨为人浮躁，人品不大被人瞧得起，缪昌期对他鄙视尤甚。老缪是蒙古血统，野性犹存，以这种方式表示了极度蔑视。老缪本人，并不觉得这有什么不道德。

不管怎么说，这事士林皆知，毕竟是奇耻大辱。

冯铨含泪吞声，当然要图谋报复。

据说在政治立场上，冯铨当时还属于东林一派，但是受不了东林的老爷们儿老是这么欺负，于是有了离心倾向。

直到后来发生了一件事，促使冯铨断然脱离了东林。

冯铨的父亲冯盛明，曾经以布政司使一职，兵备辽阳。也就是以地方行政主官的身份，在辽阳统兵防守。其时，后金大军气势汹汹，冯盛明不愿身处危地，便告病乞休。他走了没多久，恰好后金军队就卷地而来，大败明军，攻陷辽阳。

辽阳失守，在当时是一件大事。朝中舆论大哗，有人弹劾冯盛明闻敌而逃，这倒也没冤枉他，丧师失地，总要有人来负责任。冯盛明就这样被舆论套牢，最终给逮进了监狱。

那时候，对后金的关系，连皇帝都不敢玩忽，“误国”可是个天大的罪，弄不好就要掉脑袋。冯铨救父心切，赶紧去求相识的东林党朋友帮忙。

按理说，冯铨救父，这是尽孝，大家应该援手。但是他老爸的罪名不好，是为不忠。自古忠孝难以两全，东林党人都是重名节的人，哪个肯给他帮忙？缪昌期还在大庭广众之下，狠狠羞辱了他一顿。

冯铨颜面扫地，新仇旧恨，郁结在心，一心想找个机会，报复这群东林老爷们儿。

天启四年（1624）初，魏忠贤奉旨前往涿州进香，正巧冯铨因事被劾，在家里歇着。他考虑再三，决定投靠魏忠贤，就置办了酒菜果品，伏谒道旁。

因为死心塌地想投靠了，所以他下的本钱也就很大，迎送场面之盛，倾动一时。这就绝不是一桌酒菜的规模，估计是雇了不少民夫，跳着舞，打着旗，还奏着乐。

魏忠贤驾到，冯铨恭恭敬敬，将一柄价值二千两银的珍珠幢幡（佛教用品）奉上。

魏公公是大老粗，见了冯铨眼睛一亮：哇！天底下还有这样的玉人？

再看这迎接的阵势，也真是舍得下本钱。魏公公不禁大为感动，下得轿来，与冯铨聊起了家常。越聊越觉得这人机灵，心下就十分喜爱。

忽而，又见冯铨一下就涕泪交流，魏公公诧异，忙问其故。

冯铨见火候到了，就把父亲的冤案向魏公公做了申诉，说全是东林党陷害所致。

魏公公哈哈一笑：小子，别愁，这事情包在我身上了！

魏忠贤此次对冯铨印象极深，回到北京，一想起这姑娘似的小伙来，还忍不住对身边人称奇。当然，冯盛明的案子，他顺手也就给解决了，无罪释放。

经过一番活动，不久，就让冯铨官复原职了。

冯铨感激涕零，从此成为铁杆阉党。他在此后发挥的一系列作用，给东林党带来了极大的威胁。

可叹东林君子，在与魏阉做斗争的漫长时日里，这样因小失大的事，屡次发生！

冯铨自此开始，显露出了相当老辣的斗争谋略。杨涟上疏后，他分析了朝中形势，心中有数了。东林的攻势，前所未有，却没动得了魏忠贤一根毫毛。这说明，天启对魏忠贤的信任，已无以复加。阉党这边，对东林完全可以不用顾忌了，如采取主动，这帮老爷们儿实际上是不堪一击的。

荡平外廷，正当其时。

冯铨想到做到，提笔就给魏忠贤的侄子魏良卿写了封信，明确表达了两个意见：一是极言外廷不足畏；二是请启用廷杖，制服诸臣。

这是具有战略意义的建言。这封信，很快摆到了魏忠贤及其团队成员的面前。

很巧，王体乾也早有此意，前一段，还几次向魏忠贤提起过。廷杖是本朝旧制，非常管用。嘉靖初年的“大礼议”风波，一百多位廷臣，就是生生给打服了的。

客氏也赞同这个意见。她心肠之狠毒，在王安事件中就已表露无遗，可说又胜过了魏忠贤十分。此次，她力劝魏忠贤早做决断。

魏忠贤也不是不想下狠手，但他是统军人物，遇事总要稳一点儿，担心猛然使用这个极端手段，会激起不测之变，因此还在犹豫。

冯铨的密信，引起了魏氏集团核心的共鸣。在众人的鼓噪下，魏忠贤跺了跺脚，终于狠下心来，要打杀任何敢出头的异己者。

——东林党，我看你们有多少皮肉可以扛得住！

阉党悄悄地把网张开了，就等有人来撞。想不到，第一个撞进来的，并不是什么东林党，而是一个局外人。

这个送上门来的，是工部郎中万燝，一位中层的官吏。

万燝，字暗夫，江西南昌人，是前兵部侍郎万恭之孙，少年时就很好学，尤其注重名节，是万历四十四年（1616）的进士，授刑部主事。天启元年（1621），因辽东兵事紧急，工部缺人而调为工部营缮主事，督治京城九门的城墙。

由于他督办得好，不久就升为工部的虞衡员外郎，负责铸造钱币。

当时泰昌帝的庆陵正建得如火如荼，钱花得像流水一般。朝廷经费奇缺，铸钱所需的铜不够用，把万燝急得冒火，找工部直属宝源局（中央造币厂）的人商量，怎么才能淘弄一批铜料来。宝源局的人说：宫里的内官监，有许多破烂铜器，不下数百万件，只需移文索要，旦夕可至。

万燝一听这主意不错，立即行文给内廷的内官监，请求拨给。魏忠贤得知后，大怒。那些废铜烂铁他倒不心疼，他恼的是：万熛怎么敢把手伸到他的地盘来了！依例，外臣不能刺探和干预宫中之事。这万熛不光是知道了宫内有铜，而且还公开移文索要，眼里哪还有魏公公？

魏公公当下玩起了扯皮：我管你铸钱不铸钱的，公文压下，不办。

万熛急得火烧眉毛，却一连几个月没等到答复。托内廷的熟人一打听，才知道是魏公公不高兴了。

按官场的习惯，这时候就要托人去疏通。可万熛是个高官子弟，不吃这套。他脑袋一热，就直接上疏，请发内官监废铜以铸钱。庆陵那边一大摊子工程，正等米下锅呢。

哦嗬，小崽子！魏忠贤看到这道奏疏，暴跳如雷，马上派人到天启那儿，告了万熛一个黑状。天启当然不知道里面的猫腻，就下诏斥责了万熛。

诏下之日，万熛已升任工部屯田司郎中，直接负责督建庆陵了。

后来，就在杨涟上疏风潮之后，凡是跟着弹劾魏忠贤的廷臣，陆续都遭到天启的申斥。万熛又憋不住火，在风潮近尾声的时候，也就是六月十六日，奏上了一本，再言废铜、陵工诸事，点名痛斥魏忠贤。

这个奏疏，有感而发，也是滔滔不绝。

奏疏里，把魏忠贤对庆陵工程的冷漠和对营建自己坟茔的热衷，放到一起来说，也是相当刁钻的一状。尤其是把民间流传已久的“内外只知有忠贤，不知有陛下”给捅了出来，就更加触目惊心。

魏忠贤已经让东林党闭了嘴，再看见万爆跳出来，就一点儿也不怕，反而高兴：说曹操，曹操就到，那就拿你这不想活的祭旗好了！

但是，对第一个杖刑开打的案例，魏忠贤还不想做得太莽撞。他决定不矫诏，而是想法让天启自己发话，打杀这个瞎了眼的郎中。

凡事都要讲机会，魏忠贤现在大概正是好流年，一伸手就是一个机会。就在万爆上疏的前两天，天启的皇二子病死了。

古怪皇帝，儿子死得也很古怪。他的皇长子刚生下来就死掉了，死后十天，皇二子生。天启痛惜长子，就特别爱怜这个皇二子。不料，皇二子才七个月大时，在天启四年（1624）五月二十九这天夜里，因为宫里的群猫齐叫，而受了惊吓（也有人推测是因内操放炮而受到惊吓），得了惊风病。勉强活到六月十四日，也夭折了。

天启不知道这是猫叫惹的祸，只叹自己命不好，一连几天，都是极度悲伤。

魏忠贤见天启这时候心烦，说不定就要拿谁撒气，于是就安排好，让近侍装作啥也不知道，给皇上念万爆的这份奏疏。

天启一听，怎么又是弹劾魏忠贤呢？头痛啊！这万郎中，难道是从域外来的？

近侍刚念完，王体乾与客氏就故作大惊小怪，说：这都什么时候了，怎么还拿这些烂事儿来打扰皇上？皇上有旨，他不知道？知道了还在皇上忧伤时来说这些，不是明摆着捣乱吗？这样的人，不狠治怎么能行？

几个人，神态都很天真，义愤也都很真诚——陛下啊，我们实在是担心您的身体！

天启心里的火，果然被撩拨起来，当场大发雷霆。王体乾立即建议：廷杖万爆，以儆效尤。

天启昏头昏脑，估计也没大听清，就说：行行，你们赶快拟旨。

六月十七日，有旨下，其大意是：修陵费工浩繁，内府废铜能有多少，宝源局中何人可知？万爆轻信而奏请，前旨已明。今又僭言渎扰，陷朕不孝，且皇子薨逝，便来激聒，好生狂悖无礼。着锦衣卫拿来午门前，着实杖一百棍，革了职为民，永不叙用。

圣旨一下，廷臣大惊：怎么会责罚得如此厉害？

叶向高等人估计：这一打，要出人命，便慌忙上疏营救。工部尚书陈长祚，不忍心看见自己的属下受酷刑，也写了奏本论救。天启均不予理睬。

第二天一早，数十位年轻的武阉蜂拥而来，冲入万爆的寓所，给万爆戴上刑具，押往午门。

从公寓到午门，有三四里路。一路上，这些武阉有的揪头发，有的扯衣服，对万爆横拖竖拽，拳脚相加。万爆本来身体就弱，及至午门，早已被打得奄奄一息。

王体乾亲临午门监刑，他摩拳擦掌，喝令一声："重打！"

这杖刑，是明代的刑罚，由锦衣卫执行。朱元璋创立这个制度的时候，杖刑时，受刑官员要以重毡包头，同时允许在官袍里面衬上棉里子，以防重伤。除个别情况外，责打一顿，也不过是示辱之意，并非真的用重刑。

及至大太监刘瑾专权，因心恨外廷大臣不合作，才矫旨，令廷杖时需扒下官服，杜绝厚棉衬里。自此，便有当廷杖死大臣之事。

打棍子的时候，主事者有“打”和“重打”两个不同的口令，轻重程度很不一样。每打五棍，就要换一人执棍，就怕行刑者打得不够用力。

一百棍打完，万燝早已血肉模糊，昏死过去。小宦官们毫不怜悯，为了表示对反魏一派的仇恨，他们拖着万燝的脚，在午门外方砖地上转了三圈。而后，拖出长安门外，以便交给家属用门板抬走。

刚拖了没几步路，又跑出来一帮小太监，人人手拿利锥，往万燝身上一顿乱扎。

万燝身上，霎时血流如注！好个万燝，虽是养尊处优惯了的高官子弟，但骨气硬，就是咬牙不叫一声。

抬回寓所后，万燝一息残存，苦撑了四日，终于含愤而死。据说，死前有一诗流传于后世：

自古忠臣冷铁肠，寒生六月可飞霜。
漫言沥胆多台谏，自许批鳞一部郎。
欲为朝堂扶日月，先从君侧逐豺狼。
愿将一缕苌弘血，直上天门诉玉皇。

这首诗里说的“批鳞”，是说龙的喉咙下有倒生的鳞片，也就是逆鳞。“批逆鳞”，古代是比喻忠言直谏，触犯真龙天子。

“苌弘血”也是一个典故。苌弘，是东周景王和敬王时，大臣刘文公的所属大夫，因遭受谮言，被放归蜀地。后来想不通，自己剖肠而死。蜀人感念他，用盒子盛了他的血，三年而化为碧玉。“碧血”一词，就源于此。这是说：为正义蒙冤，死亦有精诚不灭。

万燝之死，激起了士林义愤。

想靠杀人来维持恶政，也就是魏忠贤这样的人惯有的思路。他们不知道，既然有所谓豺狼当道，也就有所谓义薄云天！

不服的人，你总不可能都杀完。

面对邪恶，东林党人没有坐视，立刻有一批人一跃而起。李应升、黄遵素、刘廷佐、周洪谟、杨栋朝等南北两京科道官员，纷纷上疏，交章抨击，为万燝之死鸣不平。

其中，李应升的奏疏尤为催人泪下。他说，万燝死得太冤，未报国恩，先填沟壑，六尺之孤绕膝，八旬之母倚闾，旅榇无归，游魂恋阙。臣僚饮泣，道路咨嗟。

义士之忠魂，点燃的是人心，这就是将来复仇的星星之火。

对于廷臣的异议，天启已习以为常，自有他的一套对付办法。所有替万燝喊冤的折子，他一律不看。开始还批个“已有旨了，不必渎扰”，后来干脆留中不发——让你们的抗议没声没息。

魏忠贤轻松除掉万燝，气焰顿时大张，觉得暴力镇压这一手还真是解气。他睁大了眼睛，扫视外廷，觉得弄掉一个小小的万燝，还是太不过瘾了，想找个影响更大一点儿的来严加惩治。

可巧在这时，又一个机会撞上门来：有两个宦官，向王体乾告了巡城御史林汝翥（zhù）一状。

魏忠贤得报，查了查林汝翥的背景，不由大喜。

这个京城治安官，到底有什么来头?

他和首辅叶向高有极为密切的关系!

林汝翥，字大葳（wēi），福清县（今福建省福清市）人，他是叶向高的同乡，两家祖籍地离得很近。京中都盛传他是叶向高的外甥，可见两人关系相当密切。

林是在天启四年（1624）六月才出任这个职务的，刚上任不久，就亲手处理了一件民事纠纷。

京师小民曹大的妻子，与小民牛臣的仆人因故吵架，曹妻一时想不开，服毒药寻了短见。这曹大虽然不起眼，但与宦官曹进、傅国兴有点儿关系，估计与曹进是同宗。

这下，牛臣可就捅了马蜂窝——关系学没学透，一脚踩炸了营!

曹进、傅国兴带领二十多名地痞流氓，不由分说闯进牛家，把财产抢掠一空，还用锥子把牛臣扎了几百下，让他终身别忘这个教训。

事情当然是报了官，但因为事涉宦官，京城各级刑官谁也不敢插手。案子转来转去，就转到了林汝翥的手上。

这个林汝翥，没有地方推了，同时也不想推。当即就提审曹大，一顿杀威棒，曹大就把曹进和傅国兴都供出来了。林汝翥大怒：宦官又何如?谁都不是法外臣民!立刻办了驾帖拿人，结果只拿到了曹进。

宦官在民间触犯了刑法，最终处理是要移交给内廷的。巡城御史问清楚后，也不能办罪，只能通过奏疏弹劾，由皇上下诏予以处罚。

曹进怕就怕把事情捅到皇上那儿去。他见林汝翥不是个用钱能买通的主儿，就哀求道：“大人只要不参我，我情愿受笞刑。”

林汝翥想了想，也行！就命手下打了他五十下竹条子。这东西也很厉害，但比打板子强，一般死不了人。

本来这事情也就算了，没想到，一日林汝翥在巡城时，忽然跑来一个不男不女之人，拦住他的马头就破口大骂。

京城里还有这么敢撒野的？林汝翥立刻叫人把这家伙拿下，一问，原来他就是傅国兴。

正找你找不着呢，倒送上门来了。回到衙门，林汝翥把惊堂木一拍，指指卷宗说：曹进都招了，你想怎么办？

这俩阉竖，可能属于低等宦官，既怕治罪，又拿不出钱来贿赂。傅国兴也只好自请处分——打我一顿得了。打完了，林大人就把他也给放了。

这场官司，应说处理得不错，错就错在时机不大对。官司办完几天后，就碰上了杖死万燝的突发事件。

小宦官们虽然没什么政治头脑，但宦官这次是把朝官干败了，他们还是看得出来的。

屁股被打肿的曹、傅两人，一下子就起了复仇心，跑到王体乾那里，挤出几滴眼泪，揉了几下屁股，求王公公给他们做主。

王体乾和魏忠贤是全体宦官的头儿，自己的手下被巡城御史打了屁股，主人脸上也无光。两人碰了碰情况，都很恼火，便商议着要报复。可巧又听说林汝翥是叶阁老的外甥，两人就更不能罢手了。

至于林汝翥是不是叶阁老的外甥，史料上记载不一，《三朝野记》和《启祯野乘》上都言之凿凿说是，《明史》和《明熹宗实录》则说这是传闻。因此现代史家各自采用的说法也就不同。

不管是不是，总之有瓜葛。

好，这次我老魏也要来个打狗欺主。

于是，由王体乾出面去忽悠天启，客、魏在一旁溜缝。轻车熟路，把天启又给激怒了：宦官是皇帝的内侍，打宦官，就是冒犯天威！

六月二十一日，皇帝下诏，杖责林汝翥一百下，削籍为民。

林汝翥猛然接到圣旨，魂飞天外！

这巡城御史本来是个很威风的官儿，责任就是管理京城街道的治安，老百姓又称之为“巡街御史”。出巡时的派头，可谓地动山摇。队伍前列有两个兵卒，手抡长鞭，辟空啪啪作响。小偷、流氓、恶少一听到这鞭声，撒腿就跑，躲得远远的。

有时候，六部九卿的车夫狐假虎威，在大街上争道，谁也不让谁。要是碰上巡城御史路过，双方立马就和解。有那眼神不济的，还在争执，只要林大人一声令下，当场按倒就打屁股，不管你主子是谁。

巡城御史揍两个小宦官，不是小菜一碟吗？这是国家法度。

可是当时，法能大过人吗？

林御史这回知道宦官的厉害了。廷杖？万燝刚被一顿棍子打死，我还能活吗？他越想越怕，反正官帽子也没了，就跑吧！

他怕被东厂的人盯上，就翻过自家墙头，躲到邻居家一座空房子里，藏了一天一夜，然后瞅空子溜出城去了。

前京城治安长官潜逃！魏忠贤也没料到林汝翥还有这一手，

小宦官们去抓林御史，扑了个空，气得哇哇乱叫。

这林大人，能跑到哪儿去呢？如今遍天下谁还敢窝藏他？

魏忠贤一推理，觉得这人没准儿藏到叶阁老家里去了。

于是，他派了一批宦官，去叶阁老家里要人。小宦官们得了令，如狼似虎，先把叶府团团围住，然后进去，一片喧哗要捉人。

叶阁老家中，当然交不出逃匿的犯官。小宦官们就咋呼着，不肯撤围。

叶向高哪里受得了这个？不管怎么说，他也是当朝第一大臣，受魏忠贤的气也就罢了，如今居然连小宦官也敢来家里闹，还有没有《大明律》了！

他立刻奋笔上疏求去，说："中官围阁臣第，二百年来所无。臣若不去，何颜见士大夫？"

事情报到了天启那里，天启也觉得宦官这么闹，有失国家体统，于是下令：赶快撤了。

撤是撤了，但围也就围了。围困宰相府，没受到任何追究。抓犯官嘛，过激也就过激一点儿了。

这个林汝翥一跑，最没面子的是监察系统的头头——都察院左都御史孙玮。他手下的属官，一贯是监察别人违纪犯法的，怎么能就这么跑了？即便皇上要重罚，粉身碎骨也得挺着——娘打孩子嘛，错了也可以理解，但就是不能跑！

孙玮正卧病在床，手拿不动笔，就叫李应升替自己起草奏疏，要参这个贪生怕死的林御史。他说："林汝翥不肯做强项之人（不低头的人），竟成了逃跑之臣，致使皇帝座下少了一个取义成仁的忠臣。御史台有这样贪生怕死的官员，实在有损国威。不听皇上的话，就是破坏法纪！”

这奏疏，固然是对林御史临阵脱逃有气，但骨子里，还是在讽刺皇上糊涂透顶。

其实，林汝翥并不是真的想一走了之。他一个朝廷命官，即使削了籍，还有起复的可能。如果真的跑了，那就永为罪人，前面的几十年都白干了。

他这次是跑到了遵化，进了顺天巡抚邓汉的衙门，算是投案自首。逃离京师，不过是好汉不吃眼前亏，想要躲开宦官的毒手。

七月初一，邓汉如实上报。但天启并未有所松动，让继续执行前旨，还是要打。

都察院这下炸了锅！这叫什么话，堂堂监察大员，被宦官逼得逃命，完了还要打。一帮御史们就商量着要上疏论救。

李应升也跑去找孙玮，说：“林御史投案，法纪幸未破坏。他不过是想找一个能代皇上公正执法的部门，而不想死于宦官之手。而且，以我们御史大人的一百棍，对宦官的五十竹条子，于法也不公啊！”

孙玮一想也是，就叫李应升赶快写疏论救。

长官带了头，十三道御史就纷纷上疏救人，但天启一概不理。

林汝翥没有躲得了一顿打。但他这一跑，引起了舆论轰动，还是对保命起了作用。一是锦衣卫虽然照打，可终究没敢把他打死了；二是小宦官们也不敢再跑出来拿锥子扎了。

前后一个月的风波，总算过去了。

这其中，首辅叶向高内心的震动最大。他看明白了：在皇上眼里，在魏忠贤眼里，原来他这个三朝元老什么也不是。无论万熛事件，还是林汝翥事件，对自己一点面子都不给留，将来还能有什么作为？

大明的朝政，眼看是没有什么希望了！就随它去吧。

只可叹，数年来小心翼翼地“调停”，一腔心血全泡了汤。

学富五车，位极人臣，还赶不上个没卵的混混儿！真是天理何在？

叶阁老万念俱灰，在家躺倒了。把大门紧闭，不再上班了。

他这一次，是铁了心要辞职了。复出以来，他的辞职报告一共写了十八份，大多是以退为进的虚套，不过是提醒皇上：我对你有所不满，希望你能改一改。

自从出了万熛杖毙事件，他就一连上了多道辞呈，去意渐浓。至林汝翥被杖，就更加坚定辞官归田的打算了，不再有任何虚情假意。

正好天启对他这一段以来的态度也不满，于是君臣俩心照不宣。天启虚情假意地挽留了几回，终于在九月初七下诏，允准叶向高致仕，一切待遇从优。

叶向高在临走前的这一段时间里，对自己主持“东林内阁”这一段的做法相当懊悔，曾在给朱国桢的信中说：我就像个赌徒一样，老本已经统统输光，这都是因我谋划不周所致，怨不得别人。

叶阁老具体懊悔些什么，不得而知。不过，与虎谋皮是谋不来的，他大概已经彻底明白。当初还不如脖子一挺，协调大家跟阉党死拼一下，或许还有个活路。如今战也不成，和也不成，确实是满盘皆输。

但是，叶向高在天启党争中的作用，也不好一概而论。他的调停策略，有正、反两方面的作用。反面的作用是，没能以阁臣之重，协调众臣与魏忠贤决战，反而起到了涣散斗志的作用；正面的作用是，毕竟魏忠贤对首辅有所忌惮，叶的周旋，对整个东林阵营起到了一定的庇护作用。

他毕竟是一面墙，尽管老而朽，也是有保护作用的。当他一旦倒塌，东林党人就失去了最后一道屏障。未来的形势，已能嗅得到血腥味！

在另一阵营，魏忠贤的目标则非常明确。杨涟上疏的时候，他就精确地分析过形势，提出了“必去叶向高而后可”的总战略。

他注视着叶向高蹒跚而去的身影，额手称庆，也许在心里说：余皆不足虑矣！

车辚辚，马萧萧，秋来又辞长安道。

叶阁老的心里，弥漫的是悲凉之气。他这一去，东林内阁等于轰然倒地。虽然阁内还有韩爌，还有朱国桢，但他们两人，如何能挡得住对方的千钧之力？

他行前所上的一份陛辞疏，也就是御前告别信，还试图最后对皇上、太监、廷臣三方面分别进行劝告。他说：“事久必自明。历观前史，自汉唐以至本朝，中官之邪正善恶，昭然若揭，未尝歪曲漏掉一人！”

但强势的一方怎肯收手？弱势的一方又怎肯束手就擒？

叶阁老纵有高瞻远瞩，又有谁能听得进去——

宦官们不相信坚如磐石的权力能消亡，廷臣们等不得让历史来做最终结论。

血战，是注定要来的。

图书在版编目(CIP)数据

世间再无张居正.3,党争之乱/清秋子著. --郑州:河南文艺出版社,2022.9

ISBN 978-7-5559-1347-4

Ⅰ.①世… Ⅱ.①清… Ⅲ.①中国历史-明代-通俗读物 Ⅳ.①K248.09

中国版本图书馆 CIP 数据核字(2022)第 144777 号

策　　划　崔晓旭
责任编辑　崔晓旭
责任校对　赵红宙　夏晓远
书籍设计　吴　月

出版发行　河南文艺出版社
本社地址　郑州市郑东新区祥盛街 27 号 C 座 5 楼
承印单位　河南瑞之光印刷股份有限公司
经销单位　新华书店
纸张规格　890 毫米×1240 毫米　1/32
印　　张　8
字　　数　175 000
版　　次　2022 年 9 月第 1 版
印　　次　2022 年 9 月第 1 次印刷
定　　价　39.80 元

印厂地址　河南省武陟县产业集聚区东区(詹店镇)泰安路
邮政编码　454950　　电话　0371-63956290